TRAITÉ DE LA CONFIANCE EN LA MISÉRICORDE DE DIEU

MGR JEAN-JOSEPH LANGUET DE CERGY, ARCHEVÊQUE DE SENS

TABLE DES MATIÈRES

Avertissement sur cet ouvrage — 1
Notice sur M. Languet, Archevêque de Sens — 2

PARTIE I

1. La miséricorde de Dieu peu connue, particulièrement des âmes timides qui se livrent trop à la crainte. — 9
2. Diverses sources de cette crainte. — 12
3. On explique de quelle crainte on parle dans ce Traité. Il y a une crainte utile et nécessaire : on ne combat ici que celle qui est excessive. — 14
4. Des mauvais effets de la crainte excessive. Le premier, c'est le découragement. — 16
5. Second effet funeste de cette crainte ; la tristesse du cœur : péril de cet état. — 18
6. Troisième effet funeste de la crainte ; l'affaiblissement de la tendresse dans l'amour de Dieu. D'abord on montre combien cette tendresse est nécessaire. Première preuve. — 21
7. Seconde preuve de la tendresse que doit avoir notre amour envers Dieu. C'est la confiance qui excite ces sentiments de tendresse. — 24
8. Cette tendresse de l'amour divin est détruite par la défiance et par la crainte. — 27
9. Continuation du même sujet. Différence de deux âmes, dont l'une se gouverne par l'amour, et l'autre est plus sensible à la crainte. Portrait de la première. — 30
10. Portrait d'un autre juste qui se gouverne principalement par la crainte. — 33
11. Ceux qui se conduisent par l'amour et par la confiance doivent être plus agréables à Dieu, et plus selon le vrai esprit du christianisme. — 35
12. Autres preuves de la vérité précédente. Trois fondements solides de notre confiance. Le principal, c'est la bonté de Dieu. — 37

13. Bonté de Dieu plus sensible dans sa tendresse pour les pécheurs. — 40

14. Non seulement cette confiance est établie sur des fondements solides, mais elle paraît être d'une obligation indispensable. Des soins que Dieu prend de l'exciter en nous. — 44

15. C'est faire injure à Dieu, de lui refuser cette confiance qu'il demande de nous. — 47

16. Nouveaux caractères de la confiance en la miséricorde de Dieu. Cinq avantages qu'on y trouve. — 50

17. Sixième avantage de cette confiance. Elle est pour nous d'une consolation infinie dans toutes nos peines. — 53

PARTIE II

1. Objections des âmes trop timides et scrupuleuses. — Première objection : la justice de Dieu. — Portrait de la sévérité de ses jugements. — 59

2. Réponse à la première objection. Quelque terrible que soit notre Dieu, il est pour nous encore plus aimable. Quel avantage c'est pour nous d'avoir Jésus-Christ pour notre juge. — 62

3. Continuation du même sujet. Jésus-Christ est le plus favorable de tous les juges : premièrement parce qu'il est plein de bonté. — 65

4. Secondement, Jésus-Christ est un juge compatissant. — 68

5. Troisièmement, Jésus-Christ est à la fois notre juge et notre ami. — 70

6. Quatrièmement, Jésus-Christ est un juge intéressé au succès de notre salut. — 72

7. Cinquièmement, quoique Dieu soit un juge plein de justice, c'est précisément parce qu'il est juste, que nous devons plus espérer en lui. — 75

8. Suite de la même pensée. Autre raison qui prouve que la justice même de Dieu doit fortifier notre confiance. — 78

9. Seconde objection des âmes timorées. La grandeur et la multitude de leurs péchés. — 81

10. Réponse à l'objection précédente. Les sentiments de Dieu envers le pécheur sont des sentiments de miséricorde. — Il l'aime, et même il s'attendrit, pour ainsi dire, sur lui, en tant que pécheur. — 83

11. Dieu appelle le pécheur, et les menaces mêmes qu'il fait en l'appelant sont plus propres à exciter notre confiance, qu'à rebuter notre faiblesse. — 87

12. Confirmation de ce qu'on vient de dire. Image de la tendresse avec laquelle Dieu recherche le pécheur, dans une histoire rapportée par un auteur de l'antiquité. — 90

13. Troisièmement, Dieu, après avoir parlé en vain, veut bien encore attendre avec patience le retour du pécheur. Combien cette patience est admirable ! Quelle conséquence le pécheur en doit tirer. — 93

14. Quatrièmement, Dieu reçoit le pécheur avec bonté, dès le moment qu'il revient à lui. — 97

15. Suite du même sujet, comment Dieu reçoit les pécheurs. Parabole de l'Enfant prodigue. Image de notre misère dans celle de ce libertin. — 100

16. Continuation de la même parabole. Image de la bonté de Dieu dans celle de ce père de famille qui reçoit son fils. — 104

17. Cinquième caractère de la bonté de Dieu pour les pécheurs : en les recevant il leur pardonne aisément. — 107

18. Sixièmement, non seulement Dieu pardonne au pécheur pénitent, mais il semble même le favoriser plus que le juste. — 110

19. Suite de la même matière. Etre trop effrayé de ses péchés, est quelquefois un raffinement de l'amour-propre. — 112

20. Dernière objection des âmes défiantes : Le petit nombre des élus. Réflexion générale sur cette vérité. — 114

21. Autre réflexion sur cette vérité. La confiance en Dieu est un moyen d'assurer en quelque façon sa prédestination. — 117

22. Principale réponse à l'objection précédente. Le petit nombre des élus est une vérité consolante pour ceux qui ont sujet de croire qu'ils sont de ce petit nombre. Quelles en sont les marques ? Première marque, le choix et la vocation. — 120

23. Seconde marque de la prédestination, la conversion et la protection particulière. — 122

24. Troisième marque de la prédestination, la persévérance dans le bien : nouvelles raisons de l'espérer. Preuves de la prédestination, tirée de la tentation même du découragement. — 125

25. Qui sont ceux qui ont des marques encore plus assurées de leur prédestination ? Ce sont ceux qui sont dans l'affliction.   128

26. Preuve de la vérité précédente. Premièrement ; c'est dans les souffrances que se trouve la vocation la plus efficace.   131

27. Seconde preuve. C'est dans les souffrances que se trouve l'expiation la plus sûre du péché. Avantage des afflictions involontaires au-dessus des pénitences volontaires.   135

28. Troisième preuve. La précaution la plus assurée contre le péché se trouve dans l'affliction.   137

29. Quatrième et dernière preuve. Les afflictions forment en nous la ressemblance avec Jésus-Christ. Cette ressemblance consomme la prédestination.   140

30. Récapitulation ou abrégé de tout ce qui est contenu dans cet ouvrage.   143

31. Conclusion de l'ouvrage. Il faut se confier en Dieu sur les biens terrestres. Il faut se confier de même en lui sur son salut et sa prédestination.   146

Avertissement sur cet ouvrage

L'estimable auteur du petit traité que nous publions le fit paraître pour la première fois en 1718. Plusieurs éditions en ont été faites, il a même été réimprimé depuis la révolution.

Nous remarquons que toutes les éditions sont conformes aux premières, et cet ouvrage, quoique écrit avec pureté et même élégance, n'est ni bien connu ni assez répandu. Il est cependant peu de traités plus utiles aux personnes qui s'adonnent à la piété et plus propre à les préserver du découragement, à leur faire goûter les douceurs du service de Dieu, et à les entretenir dans ces sentiments de confiance qui adoucissent les peines intérieures et font trouver légères les croix les plus pénibles. C'est aux âmes qui se découragent facilement dans le chemin de la vertu, qui se troublent au souvenir de leurs fautes, que les jugements de Dieu pénètrent d'une trop grande terreur, que nous offrons de nouveau ce traité. La doctrine qu'il renferme est pure et solide, et la manière dont il est écrit est bien supérieure à celle des ouvrages du même genre, dont le style est quelquefois négligé.

Notice sur M. Languet, Archevêque de Sens

❦

Dieu qui a permis que son Église fût souvent déchirée par le schisme et l'hérésie, et attaquée avec violence par l'erreur, ne l'a jamais abandonnée : il lui a ménagé sans cesse de nouvelles occasions de triomphe, en suscitant des hommes capables de la défendre par leurs talents, et de l'édifier par leurs vertus. Sans avoir le génie de ces sublimes apologistes dont s'honore le christianisme, l'archevêque de Sens, à qui nous consacrons cette courte notice, se montra dans le dernier siècle, le noble défenseur de la religion, et s'engagea dans de longs combats pour assurer son triomphe :

Jean-Joseph Languet de Gergy naquit en 1677 à Dijon, où son père était procureur général au parlement. Il était frère du vertueux Languet, curé de la paroisse de Saint-Sulpice, où son zèle pour la maison de Dieu et sa charité pour les pauvres ont laissé de précieux souvenirs. Compatriote de Bossuet, Languet qui avait embrassé l'état ecclésiastique, eut le bonheur d'obtenir son estime et sa bienveillance. C'est à sa sollicitation qu'il entra dans la maison de Navarre, où l'évêque de Meaux avait étudié dans sa jeunesse, et où, dès cet âge tendre, il avait laissé entrevoir ce qu'il serait un jour. C'est là que l'abbé Languet reçut le bonnet de Docteur ; il fut par la suite nommé supérieur de cette maison. Ce fut encore Bossuet qui l'introduisit à la cour. La place d'aumônier de madame la duchesse de Bourgogne était vacante, on la demandait avec instance : Bossuet de son côté fit connaître à Louis XIV l'abbé Languet comme digne de la remplir ; la place lui fut accordée ; et quand celui-ci vint faire au roi ses remerciements, le monarque lui déclara qu'il ne l'avait nommé que sur la demande et sur les bons témoignages de M. de Meaux. L'abbé Languet était alors grand vicaire d'Autun. Mais Louis XIV qui savait si bien apprécier le mérite des hommes dont il était entouré, ne tarda pas à l'appeler à l'évêché de Soissons. Ce fut une de ses dernières nominations.

L'Église de France était alors agitée par les attaques du jansénisme. Le père Quesnel, prêtre de l'Oratoire, ami du célèbre Arnaud, avait composé un livre intitulé, Réflexions morales sur le nouveau Testament ; mais cet ouvrage était malheureusement infecté du venin de l'hérésie : il fut examiné à Rome ; et Clément XI, qui occupait alors le trône pontifical, condamna par une bulle cent une propositions qui en furent extraites : cette bulle est la fameuse constitution Unigenitus. Louis XIV la fit adresser à tous les évêques de France : cent dix l'acceptèrent purement et simplement ; douze ou treize refusèrent de la recevoir ou ne la reçurent qu'avec des restrictions. L'évêque de Soissons, s'éleva avec force contre ceux qui appelaient de cette décision du Saint Siège. Depuis 1718, chaque année de son pontificat fut signalée par ses mandements et d'autres écrits contre les appelants de la bulle du pape, et contre les livres que l'on produisait en faveur du parti. Entre les prélats appelants, Jean de Soanen, évêque de Sénez, se montrait un des plus ardents fauteurs du jansénisme. Il composa une instruction pastorale injurieuse à la constitution Unigenitus, et dans laquelle il recommandait la lecture Des réflexions morales du père Quesnel, défendue par cette bulle. Cité devant un concile de treize évêques, il fut suspendu de ses fonctions et exilé dans une abbaye. Ce jugement excita des mécontentements ; cinquante avocats du parlement de Paris s'élevèrent en faveur du prélat condamné. Dans cette nouvelle attaque l'évêque de Soissons ne garda pas le silence : toujours ardent défenseur de la constitution, il écrivit en faveur du concile, et contre la consultation des cinquante avocats, qui fut supprimée par un arrêt du Conseil. Ses ouvrages de controverse, dont il augmentait le nombre tous les jours, lui avaient acquis, dans l'Église de France et dans l'État, une grande considération. Il reçut même de Rome des témoignages d'estime. Le souverain pontife répondit par un bref très honorable à l'envoi qu'il lui avait fait de ses ouvrages polémiques.

La célébrité que Languet s'était acquise dans le cours de ses controverses, lui avait ouvert les portes de l'académie. Il y avait été reçu en 1721 : le régent l'avait aussi appelé au conseil de conscience, et nommé à trois abbayes. En 1730, il prit possession d'un siège plus important que celui de Soissons ; il fut transféré à l'archevêché de Sens. Ce nouveau degré d'élévation le mit, pour ainsi dire, aux prises de plus près avec les ennemis de la constitution Unigenitus. Deux de ses suffragants, l'évêque d'Auxerre et l'évêque de Troyes, fortement prononcés contre cette bulle, trouvèrent dans l'archevêque de Sens, une opposition ferme à leurs opinions, et de longs démêlés s'élevèrent entre les trois prélats. M. L'évêque de Troyes avait introduit dans le Missel des changements étranges, qu'il fut obligé de rétracter en 1738.

Le zèle de M. Languet ne lui permit pas de voir avec indifférence les farces scandaleuses, exécutées au tombeau du diacre Pâris, dont les jansénistes voulaient accréditer la sainteté, par de prétendus miracles. Tandis que l'ingénieuse adresse du curé de Saint-Sulpice savait par la seule crainte du ridicule, purger sa paroisse des convulsionnaires, son frère, l'archevêque de Sens, employant l'arme puissante de la raison, démontrait l'imposture de ces miracles et l'absurdité des convulsions.

Mais tous ces travaux auxquels il se livrait pour la défense de la religion, ne lui faisait pas oublier le soin particulier du diocèse qu'il gouvernait. Il composait, pour l'usage des livres d'offices, et des catéchismes appropriés aux différents âges ; il établissait des petits séminaires pour l'éducation des jeunes gens destinés au service des autels ; et plein de goût et de zèle pour la décoration de la maison du Seigneur, il enrichissait de beaux ornements les églises de Sens. Sa sollicitude ne se bornait pas à sa ville épiscopale ; il parcourait tout le diocèse, visitait chaque paroisse, et ne manquait jamais d'y rompre le pain de la parole divine.

La carrière de ce prélat se prolongea jusqu'à soixante-seize ans. Plusieurs années avant sa mort, le roi l'avait appelé au Conseil-d'État. Il mourut à Sens le 11 mai 1753.

Sa vie fut un état de guerre perpétuelle. Constant adversaire des jansénistes, il en fut harcelé sans relâche. On essaya de rebuter son zèle par des libelles lancés dans le public. Ses talents même ne furent pas à l'abri de l'injustice de ses adversaires. Plusieurs fois le parlement attaqua ses écrits ; en supprima quelques-uns, et le condamna même à vingt mille livres d'amende pour une lettre qu'il avait avouée. Mais le régent défendit qu'on lui signifiât cet arrêt.

M. Languet a composé un assez grand nombre d'ouvrages, et plusieurs morceaux de ses productions font honneur à son savoir et à son esprit. Parmi plusieurs livres de piété remplis d'onction qu'on a de lui, on remarque son Traité de la confiance en la miséricorde de Dieu, bien propre, a dit un illustre écrivain, à la faire naître dans les cœurs des fidèles : il a écrit aussi un traité de l'esprit de l'Église dans les cérémonies, contre dom de Vert ; La vie de la sœur Marguerite du Saint-Sacrement, ouvrage plus connu sous le titre de Vie de la mère Marie Alacoque ; l'Office de la semaine sainte, avec les réflexions et méditations, dédiées à la reine pour l'usage de sa maison ; plusieurs catéchismes, une traduction des Psaumes. Nous ne citons pas une foule d'autres écrits composés dans le cours de ses controverses avec le parti janséniste.

PARTIE I

La miséricorde de Dieu peu connue, particulièrement des âmes timides qui se livrent trop à la crainte.

De toutes les perfections de Dieu, que la raison et la foi nous découvrent, il me semble qu'il n'y en a point qu'on croie mieux connaître, et qu'on connaisse moins que sa miséricorde. On croit la connaître, puisqu'on en parle sans cesse. Elle entre dans toutes les réflexions que l'on fait sur les vérités éternelles. Elle est comme l'âme et le motif de tous les sentiments de piété qu'on excite en soi et qu'on y ressent. Si elle doit être la consolation des justes, il semble qu'elle soit encore plus aujourd'hui la ressource et l'appui des pécheurs.

Cependant je dis qu'on ne la connaît qu'à demi, qu'on s'en forme une idée peu juste et peu digne d'elle. Je le dis, principalement de tous ceux qui s'en servent comme d'un appui dans le libertinage de leur vie ; qui continuent d'être méchants, parce que Dieu ne cesse d'être bon ; et qui comptent sur cette miséricorde, pour s'autoriser dans leur impénitence.

Cet état est commun, il l'a été dans tous les temps, et l'Ecriture condamne la témérité de ces présomptueux. Cependant il y en a d'autres qui paraissent plus éclairés, et qui le sont en effet mais qui ne le sont pas assez sur cette matière. Bien éloignés de trop présumer de la bonté de Dieu, ils connaissent toute l'étendue de l'obligation qu'ils ont de travailler à leur salut, et ils y travaillent en effet. Ils n'ont pour le monde ni pour ses plaisirs, aucun attachement ; ils craignent le péché souvent jusqu'au scrupule ; ils sont exacts à remplir les devoirs de leur état, et donnent chaque jour la meilleure partie de leur temps à la prière et à la pratique des œuvres de charité. Cependant, au milieu de ces saintes occupations, la miséricorde de Dieu semble n'avoir rien de consolant pour eux. Frappés de l'idée effrayante de ses jugements et de sa justice, ils oublient ce qu'un Dieu homme, un Dieu enfant, un Dieu Sauveur, un Dieu époux a d'aimable, pour ne s'occuper que de ce qu'un Dieu juge, un Dieu vengeur, un Dieu sévère a de terrible pour eux. A peine osent-ils espérer en lui. L'amour divin qui a pour d'autres tant de douceur, n'a rien de sensible pour eux, que l'inquiétude et la crainte de ne pas aimer assez. Ils s'affligent, ils tremblent, ils sont troublés. Leur cœur désolé ne goûte dans la pratique de la vertu, ni douceur, ni repos ; et on peut dire que si la confiance est montée dans les pécheurs jusqu'à la présomption, on trouve aussi des justes dont la crainte trop vive est poussée quelquefois jusqu'au découragement.

J'en ai vu plusieurs fois de ces âmes ferventes, livrées à ces troubles que je viens de décrire, et je n'ai pu m'empêcher de compatir à leurs peines. J'en ai vu même, et je n'y songe qu'avec frayeur, qui, trop faibles pour soutenir ces scrupules et ces craintes, sont tombées dans un abattement et un désespoir affreux ; parce qu'en redoutant la justice de Dieu, elles avaient oublié la confiance que sa miséricorde devait leur inspirer pour les soutenir. J'en ai vu d'autres qui, puisant dans la même source une autre sorte d'erreur, et qui, découragées de la piété qui leur coûtait tant d'inquiétude, abandonnaient entièrement la pratique des vertus chrétiennes, pour chercher dans le libertinage une paix qu'elles ne trouvaient point dans la ferveur du service de Dieu.

L'égarement des uns et des autres ne vient sans doute, que de ce qu'ils ne savent point mesurer selon les règles de la prudence chrétienne, les bornes de la justice et de la miséricorde de Dieu, et qu'ils en ignorent les règles et l'étendue : bien différents du prophète roi, qui, chantant également les louanges de ces deux attributs, trouvait dans l'un de quoi former cette crainte qui commence la sagesse, et dans l'autre de quoi inspirer cette confiance qui consomme la charité.

Si cette tentation est affligeante pendant la vie, elle est sans doute beaucoup plus funeste aux approches de la mort. Alors l'esprit affaibli et l'âme appesantie, comme dit l'écriture, par le corps qui se corrompt, ne peut guère soutenir les vives impressions de cette crainte. C'est cependant alors qu'elle doit se faire sentir plus vivement, parce que les jugements de Dieu doivent paraître bien plus terribles lorsqu'on les voit, pour ainsi dire, de près. Si dans le cours de la vie, leur souvenir effraie jusqu'au découragement, comment à la mort soutiendra-t-on leur approche sans désespoir ?

De là viennent souvent ces inquiétudes, ces agitations, ces répugnances que l'on remarque quelquefois avec étonnement dans des justes qui ont vécu avec ferveur, et qu'on est surpris de voir mourir avec amertume et désolation. Hélas ! Ce n'est pas l'attachement à la vie qui en est la cause : il n'y en a point d'autre qu'une crainte immodérée des jugements de Dieu, que l'espérance ne rassure point. Saint Hilarion n'est pas le seul qui ait eu besoin de chercher, dans la longueur de sa pénitence, de quoi rassurer son âme timide, qui semblait à l'heure de la mort hésiter de sortir pour aller à Dieu, dont elle redoutait les jugements.

Diverses sources de cette crainte.

Ces craintes et ces alarmes paraissent les mêmes dans tous ceux qui les éprouvent. Cependant en plusieurs, elles ont des sources différentes. Dans les uns, elles viennent de pure ignorance : souvent, comme je l'ai dit, on ne connaît ni la mesure de la justice de Dieu, ni l'étendue de sa miséricorde. On ne connaît pas plus l'espérance chrétienne, beaucoup moins connaît-on ce que c'est que la confiance, qui est le fruit et la perfection de cette vertu. La tendresse du cœur et la consolation qu'elle y produit, effet ordinaire de cette confiance, n'est pas moins ignorée. Enfin, ce que l'on ignore encore plus, c'est l'alliance de cette tendresse de la confiance avec la ferveur de la charité, qui doit y trouver sa douceur et sa consommation.

Des âmes plus éclairées ne sont pas toujours exemptes de ces mêmes craintes. En elles, ces craintes viennent de la tentation du démon, qui, ne pouvant séduire le juste par l'excès de la confiance par lequel il séduit tant de pécheurs, cherche à le tromper par une voie contraire, et à le jeter dans le découragement et dans le désespoir, soit en lui exagérant la sévérité inexorable des jugements de Dieu, soit en grossissant aux yeux de son humilité le nombre et l'énormité de ses fautes passées ; soit en lui reprochant par des scrupules continuels ses chutes journalières, ou l'imperfection de ses bonnes œuvres.

Ces esprits malins qui, comme le dit l'Écriture, créés pour la vengeance, redoublent leur fureur dans la consommation de notre vie, emploient cette tentation avec encore plus de force contre les justes et contre les pécheurs, à l'heure de la mort. C'est alors qu'ils font leurs derniers efforts pour leur inspirer ce désespoir, parce qu'ils savent que c'est le seul moyen qui leur reste, ou d'affaiblir la charité des uns ou de mettre obstacle à la pénitence des autres.

On peut trouver une troisième source de ces alarmes dans la volonté même de Dieu. Tout plein qu'il est de tendresse pour une âme fidèle, il se plaît cependant quelquefois à l'effrayer par la vue de ses jugements ; et au lieu de la consoler par le souvenir de ses miséricordes, il semble les lui refuser et l'abandonner. Il lui dérobe sa présence sensible et la consolation de son amour, pour éprouver par ses rigueurs le courage de la persévérance. C'est ainsi que dans le Cantique des Cantiques, l'époux se cache pour un temps pour éprouver la fidélité de l'épouse, et peut-être aussi pour lui faire trouver plus de douceur dans le plaisir de le retrouver. C'est ce que les saints ont éprouvé si souvent dans les sécheresses, les dégoûts, et les privations intérieures, dans ces terreurs et ces désolations où l'âme se croit presque abandonnée. Etat que tous les maîtres de la vie spirituelle ont si bien décrit, et dont nous trouvons des peintures dans les psaumes de ce saint roi qui devait beaucoup à la miséricorde de Dieu, mais qui n'a pas ressenti moins vivement toutes les terreurs de sa justice.

Or, soit que ce soit ignorance, tentation ou épreuve, il est toujours important de préparer des consolations à ces âmes troublées, et de les rassurer dans une crainte souvent excessive, toujours dangereuse, et qui est quelquefois une source funeste de relâchement. Car, comme je l'ai déjà dit, si la confiance est portée par l'orgueil du pécheur jusqu'à la présomption, il n'est pas étonnant que la crainte soit poussée quelquefois, dans des âmes timides, jusqu'au découragement et au désespoir.

> On explique de quelle crainte on parle
> dans ce Traité. Il y a une crainte utile et
> nécessaire : on ne combat ici que celle
> qui est excessive.

❧

Q u'on remarque cependant que ce n'est que l'excès de la crainte que je prétends attaquer, et non pas la crainte en elle-même. Car il est vrai de dire qu'il y a une crainte salutaire, qui non seulement fraie le chemin de la sagesse, et qui en jette les fondements, mais qui doit même rester dans le cœur du juste, et le soutenir dans tous les états de sa vie, et même dans tous les degrés de la perfection. C'est sans doute le défaut de cette crainte nécessaire qui entretient dans la tiédeur tant d'âmes qui se croient justes, et qui ne le sont pas, parce que le démon les a séduites par la présomption, l'illusion et l'orgueil.

On peut ajouter même qu'il y a des âmes saintes et choisies, qui ne marchent dans les voies de la piété, et qui ne vont à Dieu que par la route de la crainte. Elles sont fidèles à Dieu, précisément parce qu'elles le craignent. Leur crainte, il est vrai, n'est pas cette crainte purement servile qui n'a en soi aucun mélange d'amour, ou qui n'en a que de légères impressions. C'en est une qui suppose l'amour, mais qui l'emporte sur l'amour, quant à l'impression sensible. Je la comparerais volontiers à celle de ces enfants qui, par l'austérité de ceux qui les gouvernent, se forment dans l'éducation un naturel timide. Quoiqu'ils aiment leur père, ils sont toujours, à son égard, dans l'appréhension et la terreur. Ils croient qu'il ne les regarde que pour les punir, ou qu'il ne leur parle que pour les reprendre. Ils ont pour lui tous les sentiments d'amour que la nature leur a donnés ; mais ce que cet amour devrait avoir de tendre et de sensible, est étouffé par les impressions trop vives de la timidité. Telle est la disposition de ceux dont je parle. Ils aiment Dieu, mais leur crainte se fait plus sentir que l'amour ; et il est bon qu'ils soient conduits par cette route, toute autre leur serait peut-être préjudiciable : car il n'y a que cette crainte si vive qui puisse contenir un cœur naturellement présomptueux, et humilier un esprit que la vanité enfle à chaque moment. De là vient que Dieu fait ressentir de temps en temps aux âmes les plus ferventes ces impressions de terreur et d'effroi, pour les contenir par-là dans l'humiliation, et pour réprimer l'orgueil que pourrait exciter l'abondance des grâces qu'elles reçoivent.

Bien loin de condamner ces sentiments, j'admire la bonté de Dieu, qui veut bien s'abaisser jusqu'à étudier, pour ainsi dire, nos dispositions, pour leur proportionner ainsi ses grâces, et les accommoder à nos faiblesses. Je le prie de tout mon cœur de répandre cet esprit de crainte dans tant d'âmes présomptueuses, qui, peut-être, déshonorent la dévotion par leur orgueilleuse confiance. Mais je n'écris point pour elles. Je n'écris pas non plus pour les pécheurs qui s'autorisent de la miséricorde de Dieu pour persévérer dans leur impénitence. Il y a déjà pour les uns et pour les autres assez de livres ; il ne tient qu'à eux d'en profiter. Il semble même que dans ces derniers temps, on a pris plus de soin que jamais d'intimider les fidèles, en leur découvrant tout ce que la religion a d'effrayant, et toute la sévérité des jugements de Dieu. Mais s'il est nécessaire d'intimider, il n'est pas moins important de rassurer aussi quelquefois ; et puisque la crainte a ses défauts, ses excès, et par conséquent ses périls, il faut qu'elle ait aussi ses remèdes.

Des mauvais effets de la crainte excessive. Le premier, c'est le découragement.

Je dis que la crainte a ses périls ; et je compte pour le premier, le découragement où elle entraîne ceux qui se livrent trop à ses impressions. On commence par le trouble et l'agitation ; l'amertume survient, et l'âme tombe dans la tristesse. De là au découragement, il n'y a qu'un pas, et ce pas est glissant. Il est bien difficile dans cet abattement, de résister alors à la tentation, qui presse d'abandonner tout à fait une route où on ne voit rien que d'effrayant et où l'on ne recueille que des épines. Comment, en effet, supporter à la fois toute la contrainte des sens, le joug d'une exacte fidélité de la pénitence, l'austérité d'une vie dure et pénible, avec toute l'amertume et la tristesse qu'une crainte excessive peut inspirer ? L'homme, selon la pensée de Saint Bernard, ne peut vivre sur la terre sans consolation, et s'il n'est soutenu dans la vertu par quelque douceur, il est difficile qu'il soutienne longtemps la contrainte qu'elle exige de lui. Il est vrai que cette contrainte et les rigueurs même de la pénitence ne sont rien à celui qui aime, qui espère, qui goûte toutes les douceurs de la vivacité de l'amour et la tendresse de la confiance peuvent donner. Mais pour celui qui n'a qu'un cœur effrayé et un amour timide, qui ne connaît point la douceur qu'on trouve à se confier en Dieu, hélas ! qu'il est à plaindre ! C'est l'état le plus accablant qu'on puisse imaginer, et la pénitence la moins supportable. Aussi voyons-nous souvent ces âmes que la tristesse ronge et que le scrupule dévore, rechercher tôt ou tard dans la dissipation des plaisirs et dans la satisfaction des sens, une consolation qu'elles n'avaient pu trouver dans la piété, parce qu'elles ne l'avaient connue que par ce qu'elle a d'austère et d'effrayant.

Je dis plus : cette crainte dont je parle, non seulement entraîne vers le découragement, mais même elle le produit par la faiblesse qu'elle cause dans celui qui éprouve cet état. Dans les entreprises ordinaires, la confiance fait partie des moyens qu'on emploie pour réussir ; au moins elle les anime tous, et leur donne une force nouvelle. Les troupes timides sont à demi vaincues : au contraire, la confiance des soldats qui vont au combat, redouble leur ardeur et fortifie leur courage. S'il en est ainsi des succès humains et de la guerre d'ici-bas, que sera-ce de l'entreprise du salut ? Puisque non seulement c'est pour nous, soldats de Jésus-Christ, une espèce d'assaut et de combat, où on n'est victorieux qu'en faisant de grands efforts ; mais même que l'espérance du succès nous est ordonnée, comme une préparation essentielle pour y parvenir. En effet, s'il y a des entreprises humaines qui trompent l'espérance, et où la confiance du succès est inutile, il n'en est pas de même de l'entreprise du salut. Il est vrai de dire que personne ne sera sauvé qu'avec l'espérance, et que l'espérance est un des moyens des plus efficaces pour opérer le salut. Non, ce n'est pas en vain qu'il est écrit que c'est l'espérance qui nous sauve ; et, ce qui me paraît encore plus précis, que l'espérance ne confond point.

Si, au contraire, la confiance est bannie du cœur, que ferez-vous de ce cœur timide ? Vous en ferez un soldat découragé, qui est déjà à demi vaincu, parce qu'il craint de l'être, et qui fuira bientôt devant son ennemi, parce qu'il ne se croit pas assez fort pour lui résister. Il sera semblable à ces Israélites, destinés dans leur séjour du désert à être la figure du peuple chrétien, et qui furent, par leur funeste timidité, la figure de ceux que la crainte décourage. Tantôt ils s'effrayaient d'entendre la voix de Dieu, et ils ne la pouvaient soutenir, tantôt ils se rebutaient à la vue des chariots armés, et des troupes aguerries des peuples qu'ils avaient à combattre. C'est ainsi que ces âmes craintives, affaiblies par leur timidité, s'effraient, tantôt des obstacles de la vertu, et tantôt de la sévérité des jugements de Dieu, et qu'elles succombent bientôt sous un poids qu'elles croient ne pouvoir soutenir.

Second effet funeste de cette crainte ; la tristesse du cœur : péril de cet état.

❦

Si la crainte ne va pas jusqu'au découragement, au moins produira-t-elle la tristesse du cœur, effet nécessaire de cette crainte immodérée. Or, c'est assez pour la rendre périlleuse, et même funeste. Pour en convaincre, je pourrais montrer combien cette tristesse est injurieuse à Dieu, qui aime qu'on le serve d'un cœur gai et content, et qui demande que la joie du cœur assaisonne les offrandes qu'il reçoit de nous. Comment pourrai-je paraître devant Dieu ? disait autrefois le saint pontife Aaron, pour s'excuser d'offrir le sacrifice de son ministère dans un temple de deuil ; comment pourrai-je lui plaire avec un cœur plein de tristesse ? Effectivement, rien n'est moins agréable à un père qui aime ses enfants avec tendresse, que de les voir autour de lui toujours dans la tristesse, et ne répondre à ses caresses que par la crainte, le sérieux et le silence. Dieu, qui prend à notre égard la qualité de père, et qui par sa tendresse, selon la noble expression de Tertullien, est plus père que tous les pères de la terre, n'exige-t-il pas de nous qu'on réponde à ses caresses par la confiance et la joie ?

Je pourrais montrer encore combien cette tristesse est injurieuse à la piété, dont elle donne aux gens du monde une idée effrayante qui les en dégoûte. Car que doit penser un homme qui ne connaît ni les douceurs de la vertu, ni les joies de la pénitence, lorsqu'il ne voit dans ceux qui vivent saintement, qu'un dehors austère, un front ridé, un regard sombre, un cœur agité par des scrupules qui ne finissent point, un esprit inondé de tristesse, qui n'a que des idées effrayantes de la justice de Dieu, qui ne parle que de la rigueur de ses vengeances, et qui n'a à la bouche que des paroles de menaces ? N'est-ce pas là de quoi les rebuter pour jamais d'un état qui paraît si fâcheux et si pénible ?

Je ne m'arrête pas cependant à ces deux preuves, je me borne à ce qui regarde plus particulièrement mon sujet. Je parle de cette faiblesse qu'opère la crainte dans le cœur de celui qui s'y livre avec excès, faiblesse que la tristesse augmente nécessairement. Je n'en veux point d'autres preuves que le témoignage même de l'Ecriture. C'est dans la tristesse, dit le Sage, que l'âme trouve sa faiblesse et son abattement. Et ailleurs : Bannissez, dit-il, la tristesse de votre cœur, chassez-la loin de vous, comme un mal dont vous devez craindre les approches. Et pourquoi ? Parce que c'est par la tristesse que plusieurs ont péri. Et encore : De même que la teigne mange les habits et les rend inutiles ; de même que le ver dévore le bois, l'affaiblit et le consume, ainsi la tristesse de l'homme lui ronge le cœur.

Si la crainte et la tristesse qu'elle produit sont si funestes pendant le cours de cette vie, où l'une et l'autre est modérée par tant de remèdes, que sera-ce de toutes les deux aux approches de la mort, où ces sentiments, comme je l'ai dit, doivent être plus vifs par la présence des objets qui les excitent, et où le démon travaille de toute l'étendue de sa fureur à en augmenter l'impression ? Aussi ne puis-je assez craindre pour ces âmes tristes et effrayées, que le scrupule a dévorées toute leur vie, qui n'ont jamais voulu goûter la consolation de la confiance, qui ne sont remplies que d'idées terribles de la justice de Dieu ; je ne puis, dis-je, assez craindre pour elles, lorsque je les vois au lit de la mort, parce qu'il n'y a qu'une grâce bien puissante qui les délivre de la tentation du désespoir. Car alors pour ces âmes trop timides, quels nouveaux sujets de frayeur, et peut-être de découragement, lorsqu'elles voient à la fois toutes ces fautes de leur vie, dont chacune en particulier leur avait fourni une matière intarissable de peine et de scrupule ; lorsqu'elles jettent les yeux sur tous ces manquements et sur toutes ces infidélités qu'elles croient avoir commis ; sur tous ces sacrements qu'elles croient avoir reçus indignement ; sur toutes ces grâces dont elles croient avoir abusé ; sur toutes ces omissions dont elles se croient coupables, et dont le démon leur exagère l'énormité et le nombre ? Quel saisissement lorsqu'elles envisagent de près ces jugements de Dieu, qui de loin paraissent déjà si effrayants, et qui certainement le sont mille fois plus lorsqu'on est sur le point d'en subir toute la rigueur, qu'on les touche, pour ainsi dire, de la main, et qu'on se regarde comme près d'en être accablé ? L'expérience nous apprend qu'on a toutes les peines imaginables à rassurer alors les âmes les plus saintes, et celles-là même qui ont eu sur les miséricordes de Dieu les plus vifs sentiments de confiance et d'amour ; que sera-ce donc de celles qui n'ont eu toute leur vie que des pensées d'effroi et de terreur, qui n'ont été nourries, pour ainsi dire que d'un pain d'amertume, et qui n'ont presque connu leur Dieu que par ses jugements et par ses rigueurs ? Comment ne s'écrieront elles pas avec ces Juifs découragés : Nos iniquités sont sur nous, elles nous accablent, elles nous jettent dans la défaillance, y a-t-il donc encore pour nous quelque espérance de vivre.

Troisième effet funeste de la crainte ; l'affaiblissement de la tendresse dans l'amour de Dieu. D'abord on montre combien cette tendresse est nécessaire. Première preuve.

Tels sont en partie les tristes effets que la crainte produit lorsqu'on ne lui donne point de bornes, qu'on ne la soutient pas par les consolations de l'espérance, lorsqu'on n'a pas soin de joindre inséparablement le souvenir de la miséricorde et de la justice de Dieu, et de chanter également comme David, les louanges de ces deux attributs, dont le sage mélange fait toute l'économie de notre salut. Mais ce n'est pas là encore tout le mal que la crainte peut causer. J'en veux expliquer un autre moins connu, mais qui n'est pas moins réel. C'est l'affaiblissement de l'amour divin qui n'a jamais, ce me semble, la vivacité qu'il aurait s'il était soutenu par la tendresse de la confiance ; parce que je prétends que le plus sûr moyen d'atteindre à la perfection de cette vertu, c'est de ressentir tout ce que l'espérance a de douceur. Je crois même que c'est la confiance qui donne en partie à la charité sa vivacité, sa fécondité, sa consolation et sa tendresse.

Examinez, en effet, quelle est la nature, l'étendue, l'effet de l'amour divin dans un cœur qui en est embrasé. Peu de gens en ont l'idée qu'ils en devraient avoir. On accoutume les fidèles à se faire des idées sublimes sur la religion : on leur apprend à raisonner à l'infini, même sur l'amour de Dieu ; mais on ne leur apprend guère à connaître cet amour. Jamais on n'a tant parlé de l'obligation d'aimer Dieu, et peut-être jamais n'a-t-on moins connu un des plus beaux caractères de la perfection de cet amour ; Ce caractère consiste dans sa tendresse. Les mondains connaissent les tendresses funestes de l'amour profane ; mais pour celles de l'amour divin, quelquefois même les âmes pieuses et dévotes de notre siècle les ignorent ; et des esprits qui se piquent d'élévation les regardent peut-être comme des faiblesses ou des simplicités.

Cependant c'est là le caractère que devrait avoir notre amour envers Dieu. C'est ce que j'établis par deux preuves convaincantes. La première, c'est que notre amour est un amour de reconnaissance, qui répond à celui que Dieu a eu pour nous de toute éternité, et à celui dont Jésus-Christ nous a donné des preuves dans le temps. Amour, par conséquent qui doit ressembler à cet amour de notre Dieu, et qui même devrait lui être égal, si cela était possible. Au moins doit-il être formé selon les sentiments que Dieu a eus pour nous. Or, quelle tendresse notre Dieu n'a-t-il pas eue pour nous dans son amour ? Que j'aime à me le représenter tel qu'il se montre à nous dans ses saintes Ecritures, tantôt comme un père qui porte son fils entre ses bras, et qui, pour l'avoir sans cesse devant les yeux, promet de le porter toujours de même, sans se lasser de ce poids, devenu encore plus pesant par ses ingratitudes. Tantôt comme une nourrice qui presse son enfant sur son sein, et qui, sans s'irriter de ses cris importuns, le caresse, l'embrasse, et s'épuise elle-même pour le nourrir. Tantôt comme un pasteur qui s'afflige d'avoir perdu la brebis qu'il chérit et qui se fatigue à la chercher. Que j'aime à lire dans ces saints livres les douces invitations de ce Dieu de bonté qui nous presse de lui donner tout notre amour ; qui ne nous demande que la tendresse de notre cœur ; et qui, pour la mériter, nous offre le premier le sien et tout l'amour dont il est capable. Si les inquiétudes de l'amour en prouve mieux la vivacité et la tendresse, il a voulu nous en faire la peinture de celles qu'il ressent, quand il nous appelle, quand il nous attend. Il se demande à lui-même : En ai-je fait assez ? Qu'ai-je dû faire davantage. Il le dit comme en gémissant à toutes les créatures ; il les prend à témoin de ses soins empressés ; il leur fait confidence de ses inquiétudes ; il se plaint amoureusement à elles du peu de succès de son amour, et de notre lenteur à l'aimer. O qu'un Dieu qui gémit, qu'un Dieu qui pourrait foudroyer, et qui se contente de se plaindre, est aimable ! Ses plaintes et ses reproches même prouvent, ce me semble, autant la tendresse de son amour, que le font ses bienfaits et ses caresses.

Pour moi, j'avoue qu'il est difficile de n'en être pas touché jusqu'aux larmes ; surtout lorsque l'on voit encore le Fils de Dieu pleurer de tendresse pour nous et sur nous. Il voit, dit l'Évangile, la ville de Jérusalem, et il voit dans cette ville une figure de l'Évangile qu'il vient former ; il y voit une image de l'état de nos cœurs qu'il veut gagner : aussitôt son amour lui fait verser des larmes sur elle, et en même temps sur chacun de nous. Il pleure d'amertume sur nos insensibilités ; il pleure d'affliction sur nos égarements ; il pleure de compassion sur nos peines ; il pleure d'inquiétude sur nos combats ; il pleure de joie sur nos couronnes ; il pleure enfin, parce qu'un père ne peut retenir ses larmes lorsqu'il revoit un fils qu'il aime et qu'il croyait avoir perdu. Tel est l'amour de notre Dieu. Un amour qui doit répondre par sa reconnaissance à cet amour paternel, ne doit-il pas avoir la même tendresse ? Si l'enfant prodigue n'eût pas mêlé ses larmes à celles que son Père répandit sur lui, eût-il été digne d'en être reçu avec tant de miséricorde ?

Seconde preuve de la tendresse que doit avoir notre amour envers Dieu. C'est la confiance qui excite ces sentiments de tendresse.

※

La seconde raison, c'est que notre amour n'est pas seulement un amour de reconnaissance, mais aussi un amour de complaisance, tel qu'il doit se trouver entre les époux : car c'est là le rang que Dieu donne à notre âme, et le titre qu'il veut bien prendre à son égard. Or, quel doit être cet amour ? sinon un amour du cœur, qui doit épuiser tous les désirs du cœur, toutes les affections du cœur. Comment pourrait-on excepter la tendresse du cœur de la plénitude de cet amour ? Que dis-je, n'est-ce pas là ce qu'il y a de plus délicat dans les sentiments du cœur ; et par conséquent ce qu'il y a de plus parfait dans l'amour divin ?

Cette instruction regarde tous les hommes, mais principalement ceux dont le cœur est plus vif, et ressent plus aisément toutes les impressions de la tendresse que l'amour ou l'amitié peuvent inspirer. Est-il possible, en effet, qu'ils soient si sensibles pour les créatures, et qu'ils puissent se dispenser de l'être à l'amour de notre Dieu ? On est si tendre pour un ami, pour un bienfaiteur, pour un père. Une mère est empressée pour son fils, et une épouse pour son époux. La présence de ce que l'on aime épanouit et dilate le cœur ; il nage alors dans la joie ; il est content, il est transporté. L'absence cause la plainte, l'inquiétude et l'ennui. Elle répand des amertumes sur ce que les plaisirs de la vie peuvent avoir de plus délicieux. Le péril augmente ces inquiétudes, et rien ne peut les calmer. La perte les change en désespoir : on gémit, on s'afflige, on refuse la nourriture, on ne peut même souffrir le jour ; on ne veut plus s'occuper d'autres choses que de pleurer et de se plaindre. Je reconnais à ces traits la tendresse du cœur, et la vivacité de l'amour qui l'avait rempli.

Pourquoi est-ce donc que ce cœur si sensible n'aura pas pour son Dieu le même amour, ou que son amour ne produira pas les mêmes sentiments ? Il me semble que s'il en est capable, il ne peut s'en excuser. Il me semble qu'il lui serait honteux d'être si vif pour des objets terrestres, et de n'avoir pour son Dieu qu'un amour sans sentiments, et un cœur sans tendresse. Je ne sais même si un tel amour en peut porter le nom, ou si on ne doit pas le regarder comme une véritable indifférence.

Il nous est donc nécessaire d'avoir cette tendresse pour notre Dieu, ou au moins de la désirer, de l'exciter, de travailler à l'acquérir. Quel moyen plus propre à la former, que la douce confiance qu'on prend en celui dont on connaît la bonté, et dont on éprouve chaque jour les miséricordes ? Quel motif plus pressant pour exciter en soi ces sentiments dont je parle, que de se dire à soi-même : J'ai en Dieu un bon père qui m'aime avec tendresse ; il me prépare un héritage infini, et cet héritage n'est autre que lui-même. Malgré mes misères et ma faiblesse, il veut me rendre saint, heureux, éternel comme lui. Il connaît, il est vrai, tous mes égarements ; mais cependant il me supporte avec bonté. Il excuse ces égarements, il les dissimule, il les pardonne ; et quelque juste qu'il soit, il me semble qu'il est pour moi encore plus miséricordieux.

C'était ainsi que saint Paul s'excitait lui-même à ces tendres sentiments, lorsqu'il disait : Je sais qui est celui à qui je me confie. Je connais sa bonté, sa fidélité, sa miséricorde, et je suis assuré de n'être pas trompé dans ma confiance. Alors son amour, animé par ce motif, se croyait assez fort pour résister à toutes les épreuves les plus difficiles. Il osait donner un généreux défi à tout l'univers de le séparer de la charité de son Dieu, dont il était transporté.

La confiance doit produire en nous le même effet et les mêmes sentiments. C'est même ce qu'elle produit naturellement partout où elle se trouve. Je suis assuré de la fidélité de mon ami ; et quand je songe aux marques d'amitié qu'il m'a données dans des occasions difficiles, et aux secours que j'en ai reçus ; quand je vois ceux qu'il me destine pour le temps ou je pourrai me trouver dans la peine, je sens redoubler mon attachement et mon amitié, tout mon cœur s'épuise en sentiment pour lui. Je suis assuré de la bonté de mon père ; et quand je vois le riche héritage qu'il me prépare, la cordialité avec laquelle il me parle, il m'instruit, il me corrige ; la facilité avec laquelle il me reçoit, même après mes égarements, je sens redoubler pour lui toute ma tendresse. Je suis assuré de l'affection de mon prince ; et quand je songe aux paroles précises qu'il m'a données, je songe à ma fortune ; quand je vois le soin qu'il a de me faire à chaque occasion les grâces qui se présentent, qu'il prévient souvent mes désirs pour me favoriser, je sens redoubler ma fidélité et mon zèle. J'irais aux combats, dans la mêlée, à un assaut périlleux pour le lui prouver, et je pense qu'on ne peut trop aimer un roi si bon, ni trop faire pour lui. C'est ainsi, à plus forte raison, que quand je songe à ce que mon Dieu fait pour moi, à ce qu'il peut faire, à ce qu'il donne, à ce qu'il souffre, à ce qu'il excuse, à ce qu'il m'a déjà donné, à ce qu'il me donnera bientôt, je me sens embrasé d'une ardeur nouvelle. C'est là ce que la confiance en sa bonté m'inspire ; et s'il y avait en moi la moindre froideur, je ne voudrais que le souvenir de sa miséricorde pour la confondre, et pour me renouveler dans son amour.

C'était ainsi qu'en jugeait saint Ignace le martyr, cet homme divin qui doit si bien connaître les caractères et la force du saint amour dont il était si embrasé. Ecrivant aux Magnésiens, il les félicitait de ce qu'ils montraient toute l'étendue de leur amour envers Dieu et envers Jésus-Christ, dans la plénitude de l'espérance qu'ils avaient en lui. Effectivement ; c'est cette bonté miséricordieuse de notre Dieu, qui nous porte plus sensiblement à l'aimer. C'est la confiance qu'elle nous inspire qui donne à notre amour sa douceur et sa force. C'est là ce petit morceau de levain, dont parle l'Évangile, qui vivifie toute la pâte, lui donne le goût et la perfection. C'est là, en un mot, cet esprit de l'adoption dont parle saint Paul, que nous avons reçu en Jésus-Christ, qui nous apprend, non à trembler comme des esclaves, mais à aimer comme des enfants ; à invoquer notre père avec confiance, à le servir sans inquiétude, à attendre en paix le pain de la nourriture que sa tendresse nous destine. Car nous n'avons pas reçu, dit cet apôtre, un esprit de servitude et de crainte ; mais l'esprit de l'adoption des enfants de Dieu, par lequel nous appelons avec amour notre Père.

Cette tendresse de l'amour divin est détruite par la défiance et par la crainte.

Tel est le vrai esprit du christianisme et telle est sa perfection : mais que fait le tentateur ? Soit qu'il veuille jeter un juste dans le trouble, soit qu'il veuille retenir un pécheur dans le péché, soit qu'il veuille perdre un mourant par le désespoir, il s'efforce de détruire cette sainte confiance dans tous les cœurs, pour ruiner tout le fruit qu'elle pourrait y produire. Il représente avec exagération à une âme timide, la multitude des fautes qu'elle a pu commettre. Il lui en découvre toute l'énormité ; il la jette dans le scrupule sur chacune de ses confessions ; il l'agite par les plus affreuses tentations, et aussitôt il lui fait un crime de chaque pensée les moins délibérées. Lui découvrant en même temps combien les jugements de Dieu sont sévères, il s'efforce de lui persuader que le pardon n'est pas pour elle ; que Dieu, irrité de ses infidélités, lui refuse ses grâces, et qu'il l'abandonne ; qu'elle est du nombre des endurcis et des réprouvés. Si cette âme désolée entend quelque menace, ou quelque reproche adressé en général aux pécheurs impénitents, le tentateur lui dit intérieurement que c'est à elle à qui Dieu fait adresser ces paroles, et que c'est pour elle que les châtiments sont préparés. Si elle entend quelques mots de consolation, il y ajoute des réflexions funestes et des pensées désespérantes, qui empêchent cette âme de s'en faire l'application, et d'en tirer du fruit. Si elle est assez fidèle pour résister à la tentation du désespoir, où il la pousse, au moins réussit-il à la troubler, et à la jeter dans une inquiétude et une tristesse mortelle. Ainsi, ce pauvre cœur tenté, agité, désolé, ne sait presque quel parti prendre dans cet état, où il ne voit devant ses yeux que des sujets de frayeur, et en lui-même que des monstres et des ténèbres.

Il est aisé de sentir combien cette défiance et cette tristesse du cœur apporte d'obstacle à la vivacité et à la tendresse de l'amour de Dieu, telle que je viens de la dépeindre : car voici comme je raisonne avec une âme qui s'abandonne à ces funestes pensées. Toute votre tristesse ne vient que de votre défiance de la miséricorde de Dieu, que vous n'osez espérer. Or, cette défiance ne peut venir que du doute où vous êtes, ou de la toute-puissance de Dieu, ou de sa bonne volonté pour vous. Sans doute que ce n'est pas sur sa toute-puissance que vous hésitez, et vous croyez aisément que votre salut ne lui est pas difficile. Votre doute et votre crainte tombent donc uniquement sur sa bonne volonté pour vous. Vous hésitez de croire qu'il veuille vous sauver ; vous craignez qu'il ne vous pardonne point ; vous pensez qu'il ne vous aime pas tant que d'autres qu'il a sauvés ; vous vous imaginez que sa miséricorde, épuisée en votre faveur, a cédé la place à la justice et à la vengeance. Quel contre-coup ces doutes et ces idées portent-elles contre l'amour qui doit être dans votre cœur, dont le motif le plus pressant devrait être que ce Dieu de bonté vous aime, tout pécheur, tout misérable que vous êtes ; qu'il vous aime assez pour vous appeler, pour vous recevoir, et pour vous pardonner ? Pour moi, ô mon Dieu, c'est là ce qui m'attendrit le plus, et ce qui me touche le plus vivement. Si j'étais saint, si j'étais parfait, si j'étais juste, il me semble que j'aurais moins de sujet d'admirer votre bonté. Mais ce qui m'étonne, et ce qui augmente mon amour pour vous, avec ma reconnaissance, c'est que, malgré mes misères, vous m'aimiez encore. C'est que tout pécheur, tout ingrat, tout infidèle que je suis, je sois encore, dans cet état, l'objet de vos empressements et de vos bienfaits. C'est là ce qui amollit la dureté de mon cœur. Il ne peut plus y résister.

Ainsi pense, comme naturellement un cœur que la confiance soutient. Mais que deviendront ces sentiments d'amour, dans celui qui croira faussement que c'est en vain qu'il aime son Dieu et que ce Dieu irrité n'a plus pour lui que de la sévérité et des châtiments ; qui se persuade que ses péchés sont au comble, et qu'ils ne seront plus pardonnés désormais ? Faut-il même être tout à fait dans le désespoir, pour trouver dans ces tristes pensées le dépérissement de l'amour ? Le seul doute sur la bonté infinie de Dieu ne suffit-il pas pour troubler, pour attrister, pour refroidir le cœur à mesure qu'il sent diminuer sa confiance ?

Continuation du même sujet. Différence de deux âmes, dont l'une se gouverne par l'amour, et l'autre est plus sensible à la crainte. Portrait de la première.

※

Continuation du même sujet. Différence de deux âmes, dont l'une se gouverne par l'amour, et l'autre est plus sensible à la crainte. Portrait de la première.

Pour donner à la vérité que nous venons d'exposer, tout le jour qu'elle peut demander, et la faire sentir plus vivement, considérons la différence qui se trouve entre deux âmes justes, si vous voulez, mais qui vont à Dieu par des routes différentes ; l'une par le chemin de la confiance, et l'autre par celui de la crainte.

L'une aime Dieu tendrement et cordialement, comme un fils aime son père, ou comme une épouse vit avec son époux qu'elle aime. Son amour augmente sa confiance, et sa confiance nourrit son amour. Dieu est bon, dit-elle, il est mon père, et c'est ce qui m'apprend à ne le pas irriter. Mais si quelque infidélité m'échappe, je recours à lui avec confiance, parce que je sais que ses bontés sont plus grandes que mes ingratitudes. Je sais qu'il est terrible dans sa colère ; mais je sais aussi que cette colère n'est pas à l'épreuve d'un cœur humilié. Il est juste de le craindre ; mais il me paraît encore plus aimable que terrible. J'ai éprouvé mille fois qu'il pardonne aisément à celui qui l'invoque, et je ne désespérerai jamais de l'éprouver encore. Malgré ma faiblesse, il me soutiendra par sa grâce. Cette grâce m'a été méritée par le sang de mon Sauveur ; et pour y participer plus abondamment, je me cacherai dans ses plaies, et je me couvrirai de ses mérites. Cette âme, dans ces sentiments, mène, pour plaire à Dieu, une vie austère et pénible, mais son austérité ne se répand point dans son humeur : elle est gaie, contente, agréable même dans la société. Sa vertu n'a rien de sombre, et les larmes que la contrition lui fait répandre sont mêlées d'une certaine douceur qui les rend aimables. Dans cet état on aime à s'approcher de Jésus-Christ par les sacrements, et surtout par la sainte communion. C'est pour cette âme une joie qu'elle ne peut exprimer, de posséder son Dieu qu'elle aime, et de s'unir intimement à lui. Véritablement, c'est avec confusion qu'elle en approche, sachant combien ce Dieu est grand, et ne voyant en soi que de la misère : mais cette confusion ne l'arrête point, et sa crainte cède à son amour, parce qu'elle croit qu'il est plus selon le cœur de son époux.

Cette ferveur se soutient au milieu des occasions les plus difficiles et des plus vives tentations. Cette âme marche à grands pas dans les voies des commandements de son Dieu ; elle court même avec légèreté, selon l'expression du prophète, dans ces routes épineuses, où tant d'autres trouvent des écueils. Ce qui la fait courir ainsi, c'est la sainte joie dont la confiance l'anime. Cette joie dilate son cœur et le transporte. Elle s'élève jusqu'à Dieu, portée sur les ailes de la confiance et de l'amour ; et du haut de son élévation, elle méprise le monde et ses attraits, les démons avec leurs ruses, et semble ne plus sentir le poids de leur nature, ni celui de la cupidité.

Ces saintes ardeurs se redoublent au souvenir de la mort. Hélas ! dit-elle, mon Dieu, et le Dieu de mon cœur, quand viendra ce moment que je vous verrai sans voile, que je vous posséderai sans partage, que je vous louerai sans interruption, que je vous aimerai sans tiédeur ! Brisez, Seigneur, les liens qui me retiennent. Tirez mon âme de sa prison et ôtez-moi une vie où je ne vous possède qu'à demi. Les approches et la présence de cette mort, si affreuse pour tous les hommes, ne font qu'enflammer sa ferveur. Ah ! s'écrie-t-elle, mon exil va finir. Je jouirai donc enfin de la possession de mon Dieu, et je vais me reposer dans son sein. Mon cœur, libre de sa prison et affranchi de son esclavage, verra ce que l'œil n'a jamais vu, et possédera ce bien dont le cœur humain n'a jamais conçu les délices ! O mon Dieu et mon père, avancez encore ce moment, qui ne viendra jamais assez tôt pour mes désirs ! Je sais que votre justice trouverait bien en moi de quoi s'irriter, et de quoi me punir ; mais je m'unis à Jésus-Christ, par qui vous m'avez sauvée, et en qui je vous aime. C'est sur ses seuls mérites que je me confie, et non pas sur mes œuvres, qui par elles-mêmes ne sont rien. C'est par son sang que je vous demande miséricorde, et que j'espère l'obtenir. Dans cette douce espérance, cette âme s'abandonne aux rigueurs de la maladie, et elle reçoit de la mort le dernier coup qui consomme son sacrifice.

Portrait d'un autre juste qui se gouverne principalement par la crainte.

L'autre juste, dont je parle, est bien différent. Il voudrait aimer son Dieu, et il l'aime en effet ; mais inquiet sur son amour, il n'ose se dire à lui-même qu'il l'aime véritablement. Attentif à toutes les fautes qu'il a commises et qu'il peut commettre chaque jour, ingénieux à se faire des péchés nouveaux, subtil dans les raffinements du scrupule, il s'exagère à lui-même chacun des défauts qu'il a, ou qu'il croit avoir. Il oublie la miséricorde qui les pardonne, et ne songe qu'à la justice qui les punit. Dieu est pour lui un Dieu irrité et un Dieu terrible. Il vit avec lui, non comme un enfant avec un bon père, ou comme une femme vertueuse avec son époux aimable, mais comme un domestique avec un maître, dur et fâcheux, qui voit tout, et qui ne pardonne rien.

A la vérité, il marche avec fidélité dans les routes du salut et des commandements de Dieu, mais c'est avec tristesse et avec pesanteur. A tout moment il s'arrête, pour prévoir les tentations. Il les excite quelquefois à force de les craindre, il les augmente à force de les combattre. Il n'y a point de victoire qui ne lui fournisse mille sortes de scrupules. Tout lui coûte, tout lui est pénible, parce que la joie ne le soutient pas.

Dans cet état, il ne peut presque se résoudre d'approcher des sacrements. Persuadé de son indignité, il s'imagine qu'il les profane au lieu de s'y purifier. Il tremble chaque fois qu'il faut se présenter au tribunal de la pénitence ; et inquiet sur l'examen de ses péchés, sur leur accusation, sur la qualité et la mesure de sa contrition, il met son esprit à la gêne pour épuiser toutes les précautions. Ses scrupules multipliés à l'excès, et qui ne finissent point, font de sa conscience un chaos horrible, où il n'aperçoit lui-même que des ténèbres. La sainte communion ne l'effraie pas moins, et il faut toute l'autorité d'un directeur habile pour l'obliger d'approcher de son Dieu ; encore souvent la frayeur l'emporte sur l'obéissance ; et la crainte d'irriter Dieu par son indignité, qu'il a toujours devant les yeux, l'empêche d'aller à lui, nonobstant les douces invitations de ce Dieu de bonté, qui se plaît à s'unir à nous. Ces troubles et ces craintes redoublent au souvenir de la mort. Il n'a presque d'autre idée de Dieu, que celle d'un Dieu juste et vengeur. Il sait qu'il est terrible de tomber dans les bras de sa colère, et il regarde avec effroi le moment qui doit le faire paraître devant lui. Ses alarmes redoublent à mesure que ce moment approche, il voudrait l'éloigner, non pas par attachement à la vie, mais parce qu'il en regarde la fin comme la terrible entrée à une éternité où il ne voit que des feux et des supplices qu'il croit destinés pour lui.

Il est aisé de sentir que les deux portraits que je viens de faire ne sont pas des portraits faits en l'air, ni des portraits d'imagination. On peut reconnaître dans le premier tant de saints dont les transports, la ferveur et la tranquillité nous étonnent lorsque nous lisons ce que leurs histoires nous en rapportent. peut-être plusieurs âmes dévotes et timorées pourront se reconnaître elles-mêmes dans le second. Mais, quoi qu'il en soit de l'application, il est juste d'en tirer la conséquence que j'avais en vue.

Je ne demande pas ici lequel de ces deux états est le plus heureux, et où le sort est le plus doux. Mais je demande lequel des deux est le plus parfait. Quel est celui qui aime le plus ? Est-ce celui qui est transporté par cette charité qui bannit la crainte ? Quel est celui qui est le plus conforme à l'esprit du christianisme, cet esprit dont nous disions tantôt après saint Paul, que ce n'est pas un esprit d'effroi, mais un esprit d'adoption et de tendresse.

Je demande enfin lequel de ces deux états est le plus glorieux à Dieu, le plus agréable à Dieu, le plus selon le cœur de Dieu ? Peut-on douter que ce ne soit le premier ; car Dieu demande-t-il de nous autre chose que ces dispositions de tendresse, de joie et de confiance que j'y ai dépeintes.

Ceux qui se conduisent par l'amour et par la confiance doivent être plus agréables à Dieu, et plus selon le vrai esprit du christianisme.

Jugeons de ce que nous venons de dire, par les idées que la nature même nous donne, et portons-en le jugement que la raison seule nous apprend à former. Que préférerions-nous, nous-mêmes, s'il était question de notre service ? Il me semble que nous préférerions un homme plein d'affection et de ferveur, à un autre qui ne nous approcherait qu'avec tristesse, et qui ne nous servirait qu'avec crainte. Qu'aime-t-on en effet le plus, ou de se faire aimer, ou de se faire craindre ? A quoi la plus noble ambition peut-elle se porter ? Est-ce à s'attirer des respects forcés, exigés par la crainte et par la terreur ? les hommages volontaires, inspirés par l'amour et dictés par la reconnaissance, me paraissent infiniment plus précieux. Celui qui saurait enchaîner tous les cœurs serait à mon sens, plus admirable que celui qui pourrait dompter toutes les nations. Si ces fameux conquérants dont parle l'histoire ont ambitionné de se rendre maîtres du monde par la terreur de leurs armes, c'est sans doute dans l'impossibilité où ils étaient de le conquérir par les charmes de l'amour.

Voilà ce que la raison seule nous dicte ; mais cette même raison, fortifiée par la foi, ne doit-elle pas nous faire reconnaître que notre Dieu, infiniment plus équitable que nous, trouve qu'il lui est plus glorieux de gagner nos cœurs par l'amour, que de les dompter par la crainte ? En effet, ce Dieu si bon, qui pouvait nous contraindre à le servir, a bien voulu se contenter de nous y inviter, de nous presser, de nous attirer par les douceurs de son amour. Il a quitté, dit saint Pierre Chrysologue, il a quitté, ce semble, sa qualité de maître, pour prendre celle de père, parce qu'il aimait mieux régner sur nous par l'amour que par la puissance. Il prend donc la qualité de père ; et si cette qualité a encore pour nous quelque chose de trop majestueux, il y ajoute celle d'époux, celle d'ami, celle de Sauveur. Il se donne à nous sous la figure de pain, et il s'est montré aux hommes sous la forme d'un enfant.

Qu'on réfléchisse un moment sur cette dernière pensée, sur la forme que le Fils de Dieu a prise en venant sur la terre. On reconnaîtra aisément quel est le sentiment qu'il a voulu nous inspirer principalement, si c'est celui de la crainte ou celui de la confiance. En vérité, s'il n'y était venu apporter que les châtiments et la terreur, eût-il pris une forme si douce, si faible, si aimable ? Un enfant, un petit enfant, qui semble ne pouvoir rien que par le secours de sa mère ; un enfant qui n'a que des charmes et de la douceur ; un enfant pauvre, nu, abandonné, qui nous attendrit par ses larmes, et qui pousse des cris capables de percer le cœur d'un barbare ! Hélas ! il me semble qu'il ne les fait entendre que pour se plaindre de ce qu'on ne veut pas l'aimer, quoiqu'il fasse de son côté tant d'avances. Il cache, il déguise, il enveloppe tout ce qu'il a de grand et de terrible : il se dépouille de tout ce qui paraît le plus inséparable de la grandeur ; l'éclat, les richesses, la puissance, la majesté. Il est aisé de reconnaître son dessein. Il veut nous attirer à lui, et nous rendre son abord facile ; il veut nous rassurer ; il veut anéantir toutes nos défiances et nos timidités ; il veut nous donner un accès si libre auprès de lui, que rien ne puisse nous servir de prétexte pour nous en éloigner.

C'est donc là le dessein de Dieu, et par conséquent ce qu'il demande de nous ; c'est l'amour, la tendresse, la confiance. Jugez maintenant quel est celui qui répond le plus à ses desseins, qui entre le mieux dans ses vues, et qui prend les sentiments qui lui sont plus agréables. Est-ce celui qui est timide, qui s'effraie, et qui ne se rassure qu'avec peine ? Ou bien, est-ce celui qui est plein d'une respectueuse confiance, qui l'aime, et qui, humble dans son amour, goûte toute la douceur que la tendresse peut y faire trouver ? Pour moi, je pense que le tribut de la grandeur et de la majesté, c'est la crainte ; mais que celui de la bonté, c'est la confiance et l'amour. Puisque notre Dieu se montre à nous comme un Dieu que la bonté rend aimable, c'est donc par l'amour et la confiance qu'il faut s'approcher de lui.

Autres preuves de la vérité précédente. Trois fondements solides de notre confiance. Le principal, c'est la bonté de Dieu.

Achevons de donner un nouveau jour à cette vérité, et pour découvrir de plus en plus l'esprit du christianisme sur la confiance dont je parle, étudions encore ici tout ce qui est plus propre à nous en faire connaître le prix, la solidité, la nécessité, les fruits, les avantages, et surtout la consolation qui l'accompagne inséparablement, et qui en fait, pour ainsi dire, le propre caractère. Ensuite il nous sera aisé de lever les doutes que forment les âmes timides, et de répondre à leurs objections.

Ce que je veux considérer d'abord, ce sont les solides fondements de cette tendre confiance que je voudrais inspirer à tous les justes. Quels sont ces fondements ? C'est la vérité infaillible de Dieu, c'est la toute-puissance de Dieu, c'est la bonté infinie de Dieu : notre confiance peut-elle trouver des appuis plus inébranlables ?

Celui qui met dans l'homme sa confiance est maudit dans l'Écriture. Entre les raisons qui le rendent condamnable, on peut dire que c'est l'imprudence de cette confiance qui se repose sur un fondement trop fragile, qui ne peut que tromper ses vaines espérances. Car quel bien et quel secours peut-on attendre de celui qui manque presque toujours, ou de vérité, ou de volonté, ou de pouvoir ? Tel est l'homme ici bas. Son cœur est plein de mensonge ou de malignité. Rarement veut-il faire du bien ; il le promet, et ses promesses sont fausses. S'il le veut sincèrement, ce n'est que faiblement ; s'il le veut vivement, ce n'est pas constamment ; et quand il le voudrait sincèrement, vivement, et constamment, quand même il voudrait se donner toutes sortes de soins pour réussir, souvent sa bonne volonté est infructueuse. Elle s'épuise en vains désirs, parce que son pouvoir, trop borné, ne suit pas son cœur ; et si son amitié n'a pas de bornes, sa puissance en a de si étroites, qu'il ne peut pas faire beaucoup pour celui qu'il aime. Quelle folie par conséquent de mettre sa confiance en celui de qui on a si peu de secours à attendre !

Or, ce qui manque à l'homme, c'est là précisément, ce qu'on trouve en Dieu seul. Une vérité éternelle, immuable et infaillible, qui est aussi éloignée du mensonge que du néant, et qui ne promet rien qu'il n'exécute avec plus de magnificence qu'il ne l'a promis. Une puissance qui n'a point de limites, à qui tout obéit dans le ciel, sur la terre et jusqu'aux enfers ; qui change les éléments et anéantit, s'il veut, les créatures ; qui porte le monde dans sa main, selon la noble expression de l'Ecriture. Au milieu de la majesté que donne cette puissance, et qui nous fait sentir tout ce que l'amour peut inventer de bienfaits pour enrichir, et tout ce que la bonté peut avoir de miséricorde pour pardonner. Trois choses, disait Saint Bernard, animent mon espérance ; la vérité de Dieu, qui me fait des promesses ; la puissance de Dieu, à qui l'exécution de ses promesses est facile ; la charité de Dieu, qui m'adopte pour être son enfant. La vérité de Dieu, qui me promet toutes les richesses que l'adoption peut faire espérer ; la puissance de Dieu, que ces richesses ne peuvent appauvrir ; l'adoption de Dieu, qui me donne le droit de les attendre, de les demander et de les obtenir.

Je ne m'arrête point ici à ce qui regarde la vérité et la puissance de Dieu, premiers fondements de notre espérance. Le juste et le pécheur, qui n'en doutent point, tireraient peu de fruit du soin que nous prendrions de les en convaincre. Il leur est plus utile de parler de sa bonté, que l'on connaît en gros, mais qu'on ne médite pas assez.

Mais quoi ! Entreprendrai-je d'approfondir cette bonté et cette miséricorde ? N'est-ce pas un océan qui n'a point de fond, et dont on ne peut voir les bornes ? N'y aurait-il pas de la témérité à vouloir l'épuiser ? Que dire sur la production de toutes ces créatures que Dieu a assujetties à nos besoins, qu'il a créées même pour nos amusements et nos plaisirs ? Non seulement, disait un Père, il a pourvu à nos nécessités, sa tendresse a voulu même pourvoir à nos délices. Que dire sur cette providence continuelle, qui, par mille ressorts admirables, nous conserve, nous soutient, nous défend, nous protège, nous ménage des moments favorables pour notre salut ? Que dire de cette Rédemption admirable d'un Dieu fait homme, pour nous rendre heureux par ses larmes et par ses souffrances, pour nous procurer le repos par ses travaux, pour nous donner la vie aux dépens de la sienne. Disons-le hardiment avec saint Léon : Pour nous faire part de sa divinité, nous placer sur son trône, et faire pour ainsi dire de nous autant de dieux.

Ces bienfaits sont communs entre tous les hommes. Ils sont préparés pour tous, mais ils n'en montrent pas moins la bonté de Dieu. Au contraire, c'est là ce qui montre plus clairement l'étendue infinie de cette bonté, qui n'exclut pas même entièrement les endurcis et les ingrats, de ces secours qu'il veut donner à tous, parce qu'il nous aime tous. D'ailleurs, tout communs que sont ces bienfaits, ils sont, en un sens, particuliers à chacun de nous, parce qu'ils sont appliqués à chacun de nous, comme s'il n'y avait que nous sur la terre pour en profiter. L'amour qui nous les a préparés est un amour personnel, qui, nous distinguant tous comme un pasteur qui appelle chacune de ses brebis par le nom qu'il lui a donné, nous aime chacun en particulier, comme s'il n'y avait que nous qu'il pût aimer. Oui, sans doute, tout ce que la création de l'univers a de grandeur, tout ce que la Providence a de consolant, tout ce que la toute-puissance a de richesses, tout ce que la récompense éternelle a de magnifique, tout ce que la Rédemption, les souffrances, le sang, la mort de Jésus-Christ a de tendresse, tout cela nous appartient, et appartient en particulier à chacun de nous, Comme s'il n'y avait que lui sur la terre. C'est là ce qui mérite, je ne dis pas notre étonnement et notre reconnaissance, ces termes sont trop communs pour des bienfaits si grands ; mais nos ravissements, nos transports, nos extases. Qu'on m'aide à trouver des termes plus forts pour exprimer des sentiments qui puissent répondre à tant de bontés.

Bonté de Dieu plus sensible dans sa tendresse pour les pécheurs.

L'impossibilité de faire sentir toute la grandeur de tant de bienfaits m'oblige, comme l'on voit, de n'en parler qu'en général. Il n'y a qu'une chose sur laquelle je ne puis me taire. C'est cette bonté continuelle avec laquelle Dieu ménage la conversion du pécheur. Il le cherche, il l'appelle en particulier, comme s'il n'y avait que celui-là sur la terre qu'il voulût gagner. Il l'attend, il le reçoit, il lui pardonne. C'est cette miséricorde continuelle, et, pour ainsi dire, personnelle, que je ne puis me lasser d'admirer, et qui doit plus, ce me semble, intéresser notre espérance.

Qu'est-ce qu'aimer l'homme, sinon l'appeler, le rechercher, le caresser, le combler de biens dans le temps même de ses égarements et de son péché ? N'est-ce pas là porter la tendresse aussi loin qu'elle puisse aller ? Que Dieu aime les hommes qu'il a créés, cela paraît juste ; ce sont ses créatures et l'ouvrage de ses mains, et par cet endroit ils peuvent, pour ainsi dire, mériter son attention. Qu'il les aime tout déchus qu'ils sont de l'état d'innocence, et dans celui de misère où ils sont réduits par le péché de leur premier père : dans cet état qu'ils doivent à leur seule origine, hélas ! ils sont plus dignes de pitié que de colère ; et je ne suis pas si surpris qu'un Dieu de bonté ait pour eux des sentiments de compassion. Mais que des hommes non seulement pécheurs dans leur origine, mais qui, par une malice continuelle, ajoutent le mépris aux crimes, et l'insulte au mépris ; qui abusent des propres bienfaits de Dieu pour lui faire la guerre ; qui s'autorisent de sa patience pour augmenter leur rébellion et leur insolence ; que des hommes, dis-je, dans cet état, soient l'objet de la tendresse de Dieu ; qu'il les aime, qu'il les souffre, qu'il les caresse, pour ainsi dire, qu'il les comble de biens, voilà ce qu'un Dieu seul peut faire, et ce que l'homme ne peut comprendre.

Et c'est là ce que l'auteur de l'Ecclésiastique ne pouvait se lasser d'admirer. Il est vrai, disait-il, qu'en un sens on peut dire que la miséricorde de Dieu sur les pécheurs est bornée, puisqu'il en a déterminé le cours à celui de leur vie, qui ne va pas jusqu'à cent années ! et qu'en fixant ainsi le nombre de leurs jours, il semble avoir prescrit des limites étroites à la durée de ses bontés. Mais il veut d'une autre manière nous en faire sentir toute l'étendue par l'abondance infinie des grâces dont il nous comble. Il ne nous donne pas seulement quelque part à sa miséricorde, mais il la répand tout entière, pour ainsi dire, et avec profusion. Il se hâte de prévenir le moment qui, en terminant notre vie, doit commencer sur nous le règne de sa justice. Il se presse, comme s'il craignait d'en être surpris. Malgré nos rébellions, il ne laisse pas de nous aimer, de nous supporter, de nous appeler, de nous combler de biens. Il dissimule, parce que le temps est court, et qu'il veut que chacun de nos moments soit marqué par quelques nouveaux traits de sa miséricorde. Cependant il n'ignore pas que notre cœur ingrat et superbe prend occasion de cette bonté pour nourrir sa présomption, et s'autoriser dans sa malice. Il le voit, il en est témoin, parce qu'il pénètre les replis secrets de notre âme, et qu'il en découvre toute la corruption. Un spectacle si indigne devrait lasser sa patience. Néanmoins cette patience ne se rebute point ; et de notre malice consommée, il en fait l'occasion de consommer sur nous sa miséricorde infinie. Au lieu d'irriter sa colère, elle ne fait qu'exciter sa compassion. Il dispute en bonté avec cette créature ingrate, et il espère toujours de la vaincre par ses caresses. Nous sommes orgueilleux, il nous humilie. Nous sommes insensibles, il nous attendrit. Nous sommes enchaînés, il brise nos liens. Nous fuyons, il nous poursuit. Point de temps, de lieu, d'occasion, de disposition dont il ne profite pour nous faire entendre sa voix. A mesure que nous faisons des démarches de rébellion pour nous éloigner de lui, il fait après nous des démarches de miséricorde pour se rapprocher de nous.

Voilà ce qu'admirait le sage ; mais voilà ce que nous ressentons tous les jours. Disons-le à notre confusion : voilà le portrait et de la rébellion opiniâtre de notre cœur, et des miséricordes infinies de notre Dieu. Mais quoique je les ressente à chaque moment, quoique tous les pécheurs les ressentent comme moi, voilà ce que ni eux ni moi ne comprendrons jamais. Qu'est-ce donc que l'homme, m'écrierai-je ici avec le Prophète, qu'est-ce donc que l'homme ? ô mon Dieu ! que vous ménagez avec tant de soins, et que vous couronnez de tant de bienfaits ? Quoi ! un rien, un souffle de vie, un amas de corruption tiré du néant, et qui doit être réduit en poussière ? Un esprit volage, léger, inconstant, plein d'ignorance et de ténèbres ? Mais qu'est-il par rapport à vous ? un rebelle et un ingrat, qui, après avoir été votre ennemi avant que de naître, a voulu mille fois rentrer par sa propre malice dans l'état de rébellion où il était par son origine, et d'où vous l'aviez tiré. Est-ce donc là, ô mon Dieu, l'objet de vos empressements et de vos soins ? En lui vous placez votre amour et votre tendresse. Hélas ! n'était-ce pas assez pour lui d'être dans cet état l'objet de votre compassion ? Oui sans doute, c'était assez pour nous, et cependant il a fait de nous l'objet même de ses caresses et de ses complaisances. C'est cette bonté de Dieu qui m'étonne et qui m'attendrit plus que tout le reste de ses miséricordes. En faut-il davantage pour exciter en nous la plus vive confiance ? Que deviendra à ce souvenir tout ce qui excite notre timidité et nos craintes ? Nos défiances peuvent-elles avoir quelque fondement quand on trouve un fondement si solide de n'en plus avoir aucun ? Ne nous semble-t-il pas entendre ce Dieu de miséricorde dire lui-même à chacun de nous, ce qu'il faisait dire par son Prophète au peuple chéri : Voici ce que dit votre Dieu, le Dieu de Jacob et le Créateur d'Israël : Ne craignez point, parce que je vous ai racheté. Je vous ai appelé par votre nom, vous êtes à moi, et je serai avec vous lorsque vous passerez par les eaux. (On sait que dans le style prophétique, les eaux ce sont les afflictions et les tentations.) Lorsque vous passerez par les eaux, les flots ne pourront vous submerger ; et quand vous passerez par le feu, il ne vous nuira point, car je suis avec vous, et je suis votre Sauveur. Ecoutez, mon serviteur, dit-il un peu après, je vous ai choisi. C'est moi qui vous ai formé ; dés le sein de votre mère vous avez éprouvé mes bontés, ne craignez point. Quel plus grand sujet de se rassurer, que d'entendre Dieu lui-même nous dire avec bonté : Ne craignez point. Peut-on hésiter de tout espérer de celui qui nous prévient pour nous donner tout ? Heureux l'homme qui trouve en Dieu tant de miséricorde, et tant de raison de se confier en lui ! Plus heureux de ce que, non seulement il peut se confier en son Dieu avec assurance, mais même de ce que ce Dieu de bonté exige sa confiance, et se trouve offensé si on la lui refuse, ou si on donne à cette confiance qu'il attend, des bornes trop étroites ! Il faut ajouter ici, que non seulement cette confiance dont je parle est solide ; mais qu'elle paraît absolument indispensable, et qu'elle est un des plus pressants devoirs du christianisme.

> Non seulement cette confiance est établie sur des fondements solides, mais elle paraît être d'une obligation indispensable. Des soins que Dieu prend de l'exciter en nous.

Rien n'est plus marqué dans les livres saints, que l'obligation d'ouvrir notre cœur à cette sainte confiance. Toute l'Ecriture, ce semble, ne tend qu'à exciter en nous ce sentiment si juste et si consolant pour nous. Pourquoi tant de portraits de la miséricorde et de la bonté infinie de Dieu, qui reçoit, qui excuse le pécheur, et qui pardonne à celui qui revient sincèrement à lui ? Pourquoi tant d'assurances que Dieu nous aime tendrement, qu'il fait ses délices d'habiter parmi nous, qu'il veut nous sauver tous, et qu'il ne veut pas qu'aucun périsse ; qu'il ménage les tentations afin qu'elles ne soient pas au-dessus de notre faiblesse ? Pourquoi toutes ces histoires, ces symboles, ces paraboles si touchantes ? Tantôt c'est une mère qui tient son enfant entre les bras, et qui ne se lasse point de ses importunités. Tantôt c'est un époux qui invite son épouse infidèle de revenir à lui après ses égarements, et qui lui promet de la recevoir. Tantôt c'est un père qui prévient par ses caresses un fils prodigue et libertin. Tantôt c'est un adultère, un publicain, un voleur, une femme de mauvaise vie, à qui il pardonne leurs péchés, à qui il ouvre les portes du ciel. Pourquoi donc tant d'instructions, s'il nous est libre de rejeter la consolation qu'elles nous offrent ? Et puisque Dieu prend tant de soin d'exciter notre confiance, n'est-ce pas résister à ses desseins que de s'opiniâtrer dans ses défiances, et de se nourrir dans ses timidités ?

D'ailleurs je vois dans l'Ecriture, non seulement une loi d'espérer en

Dieu ; mais je vois même qu'elle attache les grâces et les récompenses à l'espérance consommée dont je parle. C'est à celui-là, dit-elle, qui aura cette sainte confiance, qu'est destiné l'héritage éternel, et c'est lui qui possédera la sainte montagne. Et encore : Bienheureux celui qui met sa confiance au Seigneur, il sera comme un arbre placé sur le bord des eaux qui le rendent fertile. Il portera des fleurs et des fruits selon la saison. La sécheresse ne lui nuira point, et il ne craindra pas les orages. Et encore ailleurs : Parce que c'est en moi que vous mettez votre confiance, je vous délivrerai.

Ce qui doit encore plus animer notre ferveur, c'est que l'Esprit Saint y répète mille fois, qu'il le dit même avec serment, que celui qui espère être heureux est béni de Dieu, qu'il ne sera point trompé ; qu'il ne rougira point ; que sa confiance ne tournera point à sa confusion. Que faut-il davantage pour nous rassurer ? Un Dieu qui parle, un Dieu qui promet, un Dieu qui assure, Un Dieu qui fait un serment, fait-il tout cela en vain ? Heureux l'homme, dirai-je avec Tertullien heureux l'homme à qui Dieu fait tant de promesses ! Trop coupable cet homme s'il se rend incrédule, même aux serments de son Dieu !

A toutes ces assurances ajoutez les invitations de ce Dieu de miséricorde qui aime nos âmes, et qui voudrait que personne ne pérît. Venez à moi, dit-il, venez-y tous. Cette invitation est générale. Elle ne regarde pas seulement les saints et les parfaits, elle n'excepte personne. Mais quoi ! ceux qui sont accablés sous le poids de leurs iniquités, ceux qui ont tant de peine à vaincre leurs passions, qui sont toujours dans les combats des tentations, ceux qui gémissent sous le poids des affaires du siècle, qui sont dans des occupations toutes humaines, qui sont surchargés des embarras, des biens, des procès qu'une famille causent sans cesse, ceux-là ne seront-ils pas exceptés ? Ne seront ils pas rejetés comme indignes d'être reçus d'un Dieu si saint et si pur ? Non, ce sont eux principalement que Jésus appelle, qu'il invite, à qui il veut donner du secours. Venez à moi, dit-il, vous qui êtes en peine, vous qui êtes accablés. Vous qui souffrez tant de combats et de résistances, quelque indignes que vous soyez de mes secours, ayez confiance, et je vous secourrai, je vous soulagerai, je vous délivrerai, je vous couronnerai : j'y trouverai même ma gloire ; car quelle est l'âme qui glorifie plus le Seigneur ? dit un prophète. C'est celle qui est triste à cause de la grandeur des péchés qu'elle a commis ; qui marche courbée et abattue sous le poids de ses iniquités ; dont les yeux sont dans la défaillance et la langueur ; qui est dévorée par la faim et par la pauvreté ; c'est celle-là qui, revenant à Dieu dans sa misère, lui rendra plus de gloire par son retour.

C'est ainsi que Dieu nous encourage dans notre faiblesse. Est-ce donc en vain qu'il nous invite ainsi ? Nous presserait-il de nous jeter entre ses bras, dit saint Augustin, s'il n'avait dessein de nous y recevoir ? Ses promesses ne seraient-elles pas fausses et trompeuses, s'il exceptait quelqu'un de nous, de cette miséricorde surabondante qu'il nous offre à tous. Celui qui hésite s'il se jettera entre ses bras, qui n'ose s'approcher de lui, qui craint plus qu'il n'espère, ne fait-il pas injure à celui qui s'est donné tant de soins de le rassurer dans ses défiances.

C'est faire injure à Dieu, de lui refuser cette confiance qu'il demande de nous.

Il semble en effet que c'est faire une injure sensible à Dieu, que de se livrer à ces craintes excessives et à ces défiances que je combats ; car quelle injure à celui qui s'efforce de montrer sa bonté, de s'en défier encore ! Quelle injustice de donner des bornes à une miséricorde qui est infinie ! Je ne prétends pas autoriser ceux qui veulent porter cette confiance jusqu'à la présomption, et qui s'autorisent de cette bonté sans bornes pour ne point donner de bornes à leurs iniquités. Je l'ai déjà déclaré, ce n'est point pour eux que j'écris. Ils seront confondus dans leur attente, et leur vaine espérance est une abomination. Je parle toujours dans les principes que j'ai établis. Je parle de cette espérance qui suppose ou une vie réglée sur la loi de Dieu, ou au moins un désir sincère de commencer actuellement à se régler selon cette sainte loi. Je parle uniquement ou pour les justes qui aiment Dieu, ou pour les pécheurs qui, voulant sincèrement se convertir, hésitent de le faire à la vue de la multitude de leurs crimes, dans la crainte de ne pas trouver pour eux de miséricorde auprès de Dieu. C'est à ceux-là à qui je veux faire un scrupule de leurs défiances et de l'excès de leur crainte ; et je leur dis hardiment qu'elle me paraît être injurieuse à Dieu.

Car sur quoi, leur dirai-je, hésitez vous ? Est-ce sur le pouvoir de Dieu ? Mais vous savez qu'il est sans bornes. Est-ce sur sa miséricorde ?

Mais quelque énorme que soit ce que vous voyez d'iniquités en vous-même, la miséricorde Infinie de Dieu n'est elle pas mille fois plus étendue ? Est-ce sur ses promesses ? Mais quoi ! ne sont-elles pas sincères ? Ne sont-elles pas pour vous ? Est-ce sur la bonne volonté particulière qu'il a pour vous ? Ignorez-vous donc qu'il est votre père, qu'il vous aime, qu'il se donne à vous, qu'il veut sincèrement vous sauver, et que ce Dieu amateur de nos âmes a plus votre salut à cœur que vous ne l'avez vous-même. Douter de quelques-unes de ces vérités, n'est-ce pas manquer de soumission aux vérités que la foi nous enseigne puisque cette puissance de Dieu, cette vérité de Dieu, cette assurance des promesses de Dieu, cette bonté si étendue de notre Dieu, sont des vérités si clairement enseignées et si solidement établies, qu'on ne doit pas les révoquer en doute ? Au moins est-ce offenser La miséricorde de Dieu que de lui donner des bornes trop étroites, puisque cette miséricorde non seulement est infinie, mais même que sa gloire particulière consiste à être plus abondante que toutes les iniquités de la terre.

D'ailleurs, pour en parler humainement et selon les faibles lumières de notre raison, je ne vois rien de plus sensible à un bon cœur, ni qui lui soit plus injurieux, que de douter de son amitié, que d'hésiter sur ses promesses, que n'oser, par une crainte frivole, se rendre à ses offres obligeantes. De même que c'est insulter un roi, que de douter de sa puissance ; c'est injurier un mari, que de douter de sa tendresse et de ses services. La défiance, à mon gré, est aussi nuisible à l'amitié que l'ingratitude. Elle est elle-même une espèce d'ingratitude, lorsqu'elle empêche de se confier à une amitié mise déjà plusieurs fois à l'épreuve ; puisqu'on ne peut douter de la sincérité des offres de services d'un ami, qu'on n'ait oublié le nombre et le mérite des services qu'on a reçus de lui.

Que si la défiance et la crainte sont si contraires à l'amitié, le seront-elles moins à la charité ? Si elles sont injurieuses à l'homme, lequel, après tout, est sujet à l'inconstance, le seront-elles moins à Dieu, qui, éternel dans sa durée, l'est aussi dans sa miséricorde ?

Achevons de donner une idée de cette simple confiance dont je parle, et après avoir montré combien elle est solide et combien elle est nécessaire, ajoutons ici quelques traits pour la faire connaître par tous ses avantages. Elle est glorieuse à Dieu, elle est une ressource efficace pour le salut. On trouve en elle de la force contre les tentations ; elle anime la ferveur de notre charité, et cela, par la joie spirituelle qu'elle répand en nous. C'est cette sainte joie qui fait ici-bas notre plus solide consolation. Disons un mot sur chacun de ces avantages.

Nouveaux caractères de la confiance en la miséricorde de Dieu. Cinq avantages qu'on y trouve.

Premièrement, cette confiance est glorieuse à Dieu. C'est ce que nous apprend le prophète roi. Ce prince qui avait tant de sujet de craindre, après les crimes énormes qu'il avait commis, qui sentait toute la honte de son égarement et toute l'énormité de l'ingratitude qu'il avait commise envers Dieu ; qui voyait la justice de Dieu armée contre lui, croyait ne pouvoir mieux fléchir sa colère, qu'en glorifiant de tout son pouvoir celui qu'il avait blasphémé par ses œuvres. Mais quel hommage, quelle louange, quelle gloire lui donner, capable de réparer les crimes qu'il avait commis ? La plus excellente et la plus parfaite, selon lui, c'est d'espérer en sa bonté. J'espérerai en vous, Seigneur, lui dit-il, oui, j'espérerai en vous, et j'y espérerai toujours ; et je couronnerai par cet hommage, que je rends à votre miséricorde, toutes les louanges que les mortels peuvent vous rendre.

Secondement, cette confiance est une puissante ressource pour le succès de notre salut. L'homme le plus criminel et le plus corrompu, qui voudra sortir de ses désordres par la pénitence, trouvera, dans la confiance en Dieu, un remède efficace pour toutes ses misères. Qu'il s'afflige, et qu'il espère, il sera sauvé ; Dieu l'a dit et il l'a promis. C'est pour cela que l'on compare l'espérance à l'ancre d'un navire, et cette comparaison est consacrée par l'usage que l'apôtre saint Paul en a fait dans ses épîtres. Qu'un vaisseau ait perdu tous ses agrès dans la tempête ; s'il lui reste encore une ancre, elle pourra servir à le préserver du malheur qui le menace. Il en est de même de la confiance en Dieu ; et on peut dire que c'est faute d'y avoir eu recours, que Caïn et Judas ont péri dans leurs crimes. Le premier avait irrité Dieu par sa jalousie et par son homicide ; mais ce qui mit le sceau à sa réprobation, ce fut de dire avec désespoir mon crime est trop grand pour en espérer le pardon. Le second se repentit de la honteuse trahison qu'il avait commise contre Jésus-Christ. Hélas ! dit saint Chrysostôme, s'il eût pris confiance en la bonté de son divin maître, s'il fût revenu à lui pour lui demander miséricorde, le Fils de Dieu, qui pardonna à saint Pierre son infidélité et qui pria pour ses bourreaux, aurait sans doute reçu ce traître à la pénitence.

Troisièmement, cette confiance est une défense et une arme puissante contre les tentations. C'est ce que dit l'Ecriture en termes précis : Ce sera dans l'espérance que vous retrouverez votre force. Et ailleurs, j'espérerai, et rien ne pourra m'affaiblir. Effectivement, quoi de plus fort que celui qui se confie en Dieu ? Se confier en Dieu, c'est se reposer sur lui, c'est s'appuyer sur lui, c'est prendre à son secours sa bonté, sa vérité, sa puissance. Avec de telles armes, que peut-on craindre d'un ennemi qui ne peut prévaloir contre Dieu ? Le cœur du juste, dit le prophète, est disposé à espérer toujours ; c'est là ce qui l'affermit, rien ne pourra l'ébranler.

Quatrièmement, c'est dans cette confiance que l'on trouve la ferveur de la charité. Nous l'avons déjà dit, lorsque nous avons fait voir combien la crainte et la défiance est contraire à cette vertu, lorsque nous avons fait sentir la différence d'un amour défiant et timide, d'avec celui qui est tel que l'Ecriture le demande, qui bannit la crainte.

De là vient que le sage compare celui qui est animé par cette vertu, à un aigle qui vole avec rapidité, et qui fend les airs sans obstacle. Si l'on veut sur ce sujet un nouveau témoignage, je le trouve dans l'Apôtre, qui ordonne aux premiers fidèles de servir Dieu avec ferveur, et qui leur donne en même temps la joie de l'espérance, comme le moyen le plus efficace d'atteindre à cette ferveur qu'il prescrit.

Effectivement, c'est dans la joie spirituelle que la confiance répand dans le cœur du juste, que consiste en partie la ferveur de la charité; et c'est là le cinquième caractère de la vertu dont je parle ; caractère encore très souvent marqué dans les saintes Ecritures. Seigneur, disait encore le prophète, vous m'avez comblé de joie, mon cœur en a été enivré. Comment Dieu a-t-il opéré ce prodige ? Parce que vous m'avez affermi dans l'espérance d'une manière toute singulière. Pourrait-on en effet n'être pas joyeux et content, lorsqu'on est assuré que l'affaire la plus importante que nous puissions avoir sur la terre, est entre les mains de Dieu, qui en désire le succès autant et plus que nous ; qu'il y songe, qu'il y travaille, et qu'il n'oubliera rien pour lui procurer un événement heureux ? Si mon salut ne dépendait que de moi seul, je serais accablé de tristesse et de crainte, parce que je connais ma misère, mes passions, mes inconstances. Mais parce qu'il dépend principalement de Dieu, qui non seulement travaille avec moi, mais qui me prévient, mais qui me presse, mais qui désire que je réponde à ses mouvements ; je suis en paix, je suis content, je suis réjoui, je me laisse conduire doucement à sa providence, assuré que je suis qu'elle travaille sans cesse à mon bonheur.

Sixième avantage de cette confiance. Elle est pour nous d'une consolation infinie dans toutes nos peines.

Cette sainte joie produit en nous une consolation solide, à l'épreuve de tous les événements de la vie, sixième caractère de la confiance dont je parle, et qui n'est pas moins précieux que les autres. Car comment vivre dans ce monde, où tout ce qui nous entoure est pour nous un sujet continuel d'affliction ; comment, dis-je, y vivre sans consolation ? Cependant où la trouver, cette consolation si nécessaire ? Ce ne sera ni dans les hommes mortels qui nous environnent, ni dans les biens, ni dans les plaisirs. Tout cela est trop borné, trop faible, trop inconstant, pour nous procurer des plaisirs solides. Si on y trouve des consolations, ce ne sont que des consolations passagères qui amusent le cœur, mais qui ne le remplissent pas. Combien même d'occasions affligeantes, où ni les biens, ni les plaisirs, ni les amis, ne peuvent apporter aucun soulagement ? Cela est réservé à la confiance en Dieu, et à son amour. Car quelle solide consolation, que d'être aimé de Dieu, que d'être l'objet de ses caresses et de ses complaisances ? Quelle consolation, de savoir qu'il nous prépare une couronne, que tout ce que la terre a de plus délicieux et de plus grand n'égalera point ! Quelle consolation de penser, de savoir, d'être assuré qu'il nous y conduit par tous les événements de la vie ; et que ceux qui paraissent les plus tristes, les plus affligeants, sont les moyens les plus efficaces qu'il emploie pour y réussir ! Quelle consolation, au milieu des tentations les plus rudes, de savoir que, si Dieu laisse au démon la liberté de nous attaquer, il ne lui donne de pouvoir qu'avec mesure, et par proportion à nos forces ; et que lors même qu'elles paraissent nous manquer, ce Dieu fidèle, qui comme dit saint Paul, ne permet pas que les tentations surpassent nos forces, nous donne dans la tentation même, des moyens d'en sortir, afin que nous puissions vaincre le tentateur !

Quelle consolation au souvenir de toutes nos iniquités passées, si capables de nous désespérer ; à la vue de nos infidélités journalières, si propres à nous décourager, quelle consolation, dis-je, de songer que tout cela n'a point encore lassé la patience de notre Dieu ; que sa miséricorde infinie est plus grande que toutes nos iniquités, et que dans le moment actuel que nous l'aimons de tout notre cœur, et que nous nous confions en sa bonté, cette bonté infinie nous reçoit avec tendresse, et veut bien effacer pour toujours ce qui pourrait exciter sa colère et l'excès de notre crainte !

Quelle consolation même, lorsqu'on se trouve dans les plus grandes épreuves ; que tout est ténèbres et obscurité ; qu'on ne voit presqu'en soi que des crimes, et en Dieu que de la colère ; qu'on n'ose même se répondre à soi-même qu'on aime Dieu, et qu'il semble presque qu'on cesse d'espérer ou de croire, tant les tentations sont violentes ; quelle consolation, dis-je, de songer alors que ce Dieu si miséricordieux et si bon, devant qui vouloir le servir, est un service, et vouloir l'aimer, est un amour, veut bien compter jusqu'à nos désirs au nombre de nos mérites, et les couronner comme il couronne nos victoires ! O vous, âmes timides et effrayées, ouvrez vos cœurs à cette consolation ! Vous qui craignez le Seigneur, ne vous éloignez pas de sa miséricorde, de peur de quelque chute. Vous qui craignez le Seigneur, confiez-vous en lui, et votre récompense sera assurée. Encore une fois, vous qui craignez, changez vos craintes en espérance, et la miséricorde sera votre consolation.

Telle est la consolation que l'on peut trouver dans tous les états de la vie les plus affligeants. Cette consolation est réelle, elle est solide, elle ne dépend ni des événements, ni des créatures. La perfidie des amis, les malheurs de la vie, ni la perte des biens ne peuvent l'ôter. Elle augmente, au contraire, à mesure que nos maux s'aigrissent ; puisque la plus sensible assurance qu'on puisse avoir d'être secouru de Dieu, c'est d'être abandonné de tout autre secours humain et terrestre. Or, où trouve-t-on cette consolation ? C'est dans la seule confiance en Dieu.

C'est elle qui nous découvre toutes ces vérités consolantes que je viens de rapporter ; c'est elle qui nous en fait sentir toute la douceur. Sans elle, hélas ! comment se défendre du découragement et du désespoir !

Tout ceci peut suffire pour nous découvrir les avantages et les caractères de la confiance en Dieu, sa douceur, sa joie et sa consolation ; sa nécessité même, et les fondements solides sur lesquels elle est appuyée. Il ne manque plus pour rendre cette instruction complète, que de suivre les âmes timorées dans les motifs de leur crainte, de les désabuser de ce qui cause leur défiance, et de répondre à toutes les difficultés qu'elles opposent aux sentiments de confiance que l'on s'efforce de leur inspirer. C'est ce que nous allons entreprendre dans la seconde partie de cet ouvrage.

PARTIE II

Objections des âmes trop timides et scrupuleuses. – Première objection : la justice de Dieu. – Portrait de la sévérité de ses jugements.

C'est dans tout ce que la foi nous apprend de la sévérité des jugements de Dieu, et des rigueurs de sa justice, que les âmes timides trouvent la première source de leur crainte. Effectivement, je l'avoue, il y a de quoi en être effrayé ; et à voir le portrait que nous en font les saintes Ecritures, il est impossible qu'il ne jette quelquefois la terreur dans les âmes les plus saintes ou les plus présomptueuses. Tantôt, c'est un Dieu saint qui s'irrite des moindres souillures ; tantôt, c'est un Dieu jaloux, que le plus petit partage offense ; tantôt, c'est un Dieu vengeur, qui fait porter à une terre entière la punition du crime de quelques-uns de ses habitants, et qui visite dans sa fureur jusqu'à la quatrième génération, pour lui faire expier le crime de ses ancêtres. Ce qu'on nous apprend de sa qualité de juge, et de la rigueur de ses jugements, n'est pas moins terrible ; car quelle exactitude dans la discussion qu'il doit faire de nos actions, au jour qu'il exercera ses jugements, et, non seulement de nos actions, mais de nos paroles, de nos désirs, de nos pensées les plus secrètes et les plus légères ! Rien de ce qui échappe à notre attention, n'échappera à ses lumières ; tout sera discuté. Une parole qui n'a rien de criminel, mais aussi qui n'a rien d'utile, sera reprise. Un mot injurieux qui a échappé dans la colère, sera puni. Un sentiment que la cupidité fait naître, et qui échappe à notre vigilance, presque sans réflexion, portera sa peine.

Non seulement il s'irrite de ce qu'on a commis, mais il impute même quelquefois ce qu'on n'a pas commis, ce qu'on a souvent ignoré ; et il suffit pour cela, ou qu'on l'ait procuré ou qu'on l'ait permis, ou même quelquefois qu'on l'ait souffert en silence.

Ce silence souvent est criminel à ses yeux. Nouvelle exactitude de ce jugement sévère. Ce n'est pas seulement le pécheur qu'il censure ainsi ; il n'est pas moins terrible pour celui qui paraît juste ; et si ce juste ne l'est pas assez, s'il n'est que tiède dans son amour, s'il est paresseux dans les devoirs de la pénitence, s'il ne répond pas par ses bonnes œuvres aux grâces qu'il a reçues ; si, en faisant des œuvres saintes, il ne les fait pas saintement ; et, comme dit l'Ecriture, si les œuvres ne sont pleines devant lui, ce juste doit craindre sa sévérité.

Tels sont les jugements de notre Dieu, jugements terribles par la discussion, mais qui ne le sont pas moins par la surprise : car, quand est-ce que ce Dieu vengeur et sévère viendra exercer sur nous ses jugements ? On ne le sait point. Il cache sa venue ; il l'a dit, et il l'exécute au pied de la lettre : C'est au temps et à l'heure qu'on y pense le moins, et qu'on se croit en sûreté ; il vient comme un voleur qui cache ses approches, et qui ne cherche qu'à surprendre. Il surprend effectivement le pécheur, sans lui laisser souvent le loisir de faire pénitence. Il le surprend au milieu de ses affaires, au milieu de ses plaisirs, au milieu même de ses crimes. Il l'enlève pour lui en faire rendre compte ; et ce qui paraît encore plus effrayant, c'est que, sans attendre ce dernier moment, il exerce ses jugements dès cette vie sur ceux qui résistent à sa voix. Il étend sa main sur eux pour les affliger, ou il la retire pour les laisser tomber dans l'endurcissement : il les prive des secours qu'ils rendent inutiles, et un temps vient quelquefois où ces pécheurs l'appellent en vain, qu'ils le cherchent, qu'ils l'invoquent, et que ce Dieu irrité ne les écoute point, parce qu'il s'est retiré d'eux, qu'il s'est caché pour ne se plus montrer à eux, qu'au moment terrible d'une mort dans l'impénitence, où il insultera au désespoir de ces âmes criminelles. Afin qu'on ne croie pas que j'outre ces portraits des jugements de Dieu, qu'on remarque que toutes ces vérités, et presque toutes mes paroles sont les paroles même de l'Ecriture.

Qui ne reconnaîtra après cela que Dieu est un Dieu terrible dans ses vengeances ; que rien n'est plus effrayant que ses jugements. Qui ne s'écriera avec le prophète, qui en était effrayé quelquefois jusqu'au saisissement et à la défaillance : Que vos jugements ô mon Dieu, sont terribles ! Oubliez, Seigneur, mes fautes, et les égarements de ma jeunesse. Car si vous comptez exactement nos iniquités, hélas ! Qui pourra soutenir la sévérité de votre justice.

C'est là ce qui effraie l'âme juste et timide ; c'est là ce qu'elle médite, et ce qui la jette dans le trouble. Mais voyons s'il n'y a pas de remède à l'impression de terreur que ces vérités jettent dans son âme.

Réponse à la première objection.
Quelque terrible que soit notre Dieu, il
est pour nous encore plus aimable. Quel
avantage c'est pour nous d'avoir Jésus-
Christ pour notre juge.

Il est vrai que Dieu est juge, qu'il est notre juge : qu'en qualité de juge, il est sévère ; mais est-ce un juge qui ne s'apaise point, qui ne se gagne point, qui ne pardonne point ? Il surprend, il examine, il punit ; mais en même temps je vois qu'il avertit, qu'il ménage, qu'il attend, qu'il reçoit, qu'il pardonne, qu'il aime, qu'il compatit, qu'il s'apaise ; qu'il est aussi facile de le fléchir pendant le cours de notre vie, qu'il est impossible de l'apaiser au jugement qui suit notre mort. Je vois que s'il prend la qualité de juge, et de juge fort et puissant, il joint en même temps celle de juge patient et plein de bonté. En faut-il davantage pour me rassurer ?

Je le vois sous le symbole d'un père de famille, qui s'irrite des infidélités de son intendant, et qui lui dit avec colère : Rends compte de ton administration. Ne croirait-on pas qu'il va le punir ? Non, cet homme fait des largesses, même aux dépens de son maître ; symbole des aumônes qu'un pécheur fait des biens qu'il a reçus de Dieu, pour l'apaiser dans sa conversion ; car c'est là le propre sens de la parabole et ce père de famille cesse d'être irrité, lorsqu'il a tant de sujet de l'être. Il s'apaise, il loue, il applaudit à l'adresse et l'habileté de son intendant, dont il n'avait que trop de raison de se plaindre. Je le vois sous la figure d'un roi puissant, à qui il est dû plusieurs millions par un misérable. Ce prince le cite devant lui, l'interroge, et lui reproche sa négligence. Le débiteur s'humilie, il demande du temps. Non seulement ce roi miséricordieux lui en accorde, mais il lui remet toute la somme qui lui était due. Je le vois sous la figure d'un autre père de famille, qui va chercher des ouvriers pour les faire travailler à sa vigne. Il en trouve d'oisifs, qui passaient le jour sans rien faire. Il leur en fait des reproches, ce semble, avec indignation. Ces gens sont touchés de son avertissement : Ils travaillent une heure. Hélas ! Que peuvent-ils faire dans une heure ? Il n'y avait rien d'estimable dans leur travail, que leur bonne volonté. C'est cette bonne volonté, que le père de famille récompense avec la même libéralité, que s'ils avaient travaillé tout le jour.

Je le vois dans le prophète qui se plaint des égarements de son peuple, et qui les lui reproche. C'est un Dieu et un juge qui parle ; mais ce n'est là le langage ni d'un juge, ni d'un Dieu. Quand il parle en Dieu, il tonne, il foudroie, il punit. Il a fait entendre sa voix, dit l'Ecriture, et la terre entière a été ébranlée d'effroi. Un juge ne se plaint pas, il prononce des arrêts sévères et irrévocables ; il condamne, il punit. C'est l'amour qui se plaint. Un père, un ami, un frère se plaint, si on ne répond pas à ses empressements ; et tandis qu'il se plaint, il montre qu'il a encore de l'amitié. C'est ainsi que Dieu se plaint, quand il pourrait punir. C'est l'amour qui forme ses plaintes, et l'on ne peut le méconnaître. Il se plaint, et à qui ? A l'homme même de qui il se plaint, et cela pour le toucher et l'attendrir. Encore le fait-il sans aigreur et sans amertume. Quand on se plaint à son ami, et qu'on le fait avec douceur, c'est une marque qu'on est prêt de recevoir ses excuses, et qu'on lui pardonnera sans peine. O qu'un juge est favorable quand il aime ainsi, et encore plus quand il désire d'être aimé !

Tel est notre Dieu. Peut-on après cela, porter la crainte jusqu'au trouble et à l'abattement ? C'est aux endurcis, aux présomptueux, aux impénitents, à frémir au souvenir de sa colère. Mais pour ceux qui veulent le servir, s'ils doivent le craindre, il me semble qu'ils doivent encore plus l'aimer.

Remarquez encore que, s'il est notre juge, il faut reconnaître qu'il est notre père, qu'il est notre époux, qu'il est notre ami, qu'il est notre frère, qu'il est notre avocat, qu'il est notre Sauveur. Que de qualités consolantes, contre une seule qui est terrible ! Ce que celle-là a d'effrayant, n'est-il pas balancé par tout ce que ces autres qualités ont d'aimable ? Voyant tant de formes diverses que prend sa miséricorde, pour une seule sous laquelle sa justice se montre à nous, n'avons-nous pas raison de nous rassurer dans nos terreurs, et d'avouer avec le prophète que les miséricordes de notre Dieu l'emportent mille fois par rapport à nous, sur toutes les autres œuvres de sa puissance ?

Ajoutons ici la belle pensée de saint Chrysostôme. Expliquant cette prière du prophète, qui demandait à Dieu que ses jugements et sa justice fussent exercés par son Fils ; pourquoi, dit ce père, le prophète demandait-il que Dieu se dépouillât de son pouvoir pour en revêtir son Fils fait homme ? Pourquoi Dieu, exauçant la prière du prophète, a-t-il effectivement commis à Jésus-Christ le soin de juger les vivants et les morts, ainsi qu'il nous en assure lui-même dans l'Évangile ? Est-ce que le jugement, entre les mains de Dieu, n'eût pas été exercé avec autant de justice ? Oui, sans doute. Le jugement eût été aussi équitable ; mais il eût été plus terrible qu'un Dieu saint juge des hommes pécheurs ; qu'un Dieu impassible juge des hommes livrés à tant de passions ; qu'un Dieu puissant et irrité juge des hommes faibles et coupables ! Hélas, il n'y aurait pour eux que des châtiments à attendre. Mais qu'ils soient jugés par un homme semblable à eux, qui a expérimenté leurs misères, et porté leurs péchés ; qui est devenu dans une même nature, leur frère, leur ami et leur Sauveur ; au lieu qu'ils auraient eu tout à craindre et peu à espérer, ils ont, au contraire, mille fois plus à espérer, ce semble, qu'ils n'ont à craindre. Ce juge qu'ils ont obtenu, a bien de la disposition à leur être favorable.

C'est donc pour cela, selon saint Chrysostôme, que le prophète désirait que le jugement fût remis entre les mains du fils du roi. C'est pour notre consolation, que Dieu, par un effet de sa miséricorde, a bien voulu se dépouiller, pour ainsi dire, de cette qualité de juge, pour en revêtir son Fils. Mais ce n'est pas encore là tout ce qui doit nous rassurer. Je dis plus ; en Jésus-Christ, cette qualité même de juge, qui, après tout, pourrait paraître terrible, est la plus propre à nous calmer dans nos défiances. Elle est un des titres les plus consolants qu'on puisse remarquer dans le fils de Dieu.

Continuation du même sujet. Jésus-Christ est le plus favorable de tous les juges : premièrement parce qu'il est plein de bonté.

Dans l'obligation où nous sommes de subir un jugement, pourrions-nous trouver au monde un juge, sur qui on pût fonder plus d'espérance, que sur le fils de Dieu ? Pour moi, je n'en vois point ni dans le Ciel, ni sur la terre qui pût être plus disposé à nous favoriser. En vérité, si Dieu m'avait donné la liberté de me choisir un juge qui décidât de mon éternité, ce ne serait ni mon père, ni mon frère, ni mon ami ; ce serait Jésus-Christ même que je voudrais prier de se charger de mon jugement. Car, quelles favorables dispositions pourrais-je trouver dans un autre, que je ne trouve mille fois davantage dans mon Sauveur ?

Je désirerais d'abord dans mon juge, qu'il fût plein d'une bonté sans pareille ; qu'il connût en second lieu, et cela parfaitement, tout ce qui pourrait me servir d'excuse ; qu'il le connût, si cela se pouvait, par lui-même, et par sa propre expérience : Je voudrais encore qu'il m'aimât véritablement ; qu'il fût même mon ami, mon intime ami, mon ami particulier : Je désirerais que cet ami, outre les douceurs de l'amitié, eût un intérêt personnel de me juger favorablement, et de me sauver. Voilà le juge que je désirerais, et que tout autre désirerait sans doute comme moi. Qu'on cherche dans les hommes toutes ces qualités, on ne les trouvera toutes qu'en Jésus-Christ seul. Je les vois en lui en un degré qui surpasse mille fois tout ce qu'on pourrait attendre des hommes.

Pour la bonté, peut-on rien trouver de comparable à la sienne ? Rappelez ce que nous avons dit de cette bonté incompréhensible. Qui est-ce, sur la terre, qui en aura autant que celui, dont la bonté est aussi infinie que sa puissance, que son éternité et que toutes ses autres perfections ? Rappelez encore ce que nous avons dit de sa tendresse pour nous. Il s'afflige, il frémit, il pleure sur nous. Il est plus touché de nos misères, que nous ne le sommes nous-mêmes. S'il en faut apporter quelque preuve nouvelle, il n'y a qu'à considérer les différents états sous lesquels il se présente à nous dans l'Ecriture, pour nous montrer son amour, et pour gagner le nôtre. Il s'est fait enfant, pour nous donner auprès de lui un accès facile. Il s'est fait homme, pour partager avec nous nos misères. Il s'est fait esclave, pour nous mettre en liberté ; pauvre, pour nous enrichir ; victime, pour nous purifier. Il prend la qualité de père, afin que nous soyons ses enfants ; celle de maître, pour nous faire entendre sa voix ; celle d'époux, pour exciter notre tendresse ; celle de médiateur et de caution, pour nous délivrer ; et celle de roi, pour nous soumettre. Il est la voie qui nous conduit par des lieux assurés, la vérité qui nous instruit par des maximes solides, et la vie qui nous anime, pour nous rendre heureux et immortels. Si nous sommes pécheurs, il est notre justice. Si nous sommes dans les ténèbres, il est notre lumière. Si nous sommes affligés, il est notre patience. Si nous sommes faibles, il est notre force. Si nous craignons la mort, il est la résurrection ; et si nous voulons être heureux, il est lui-même notre félicité.

Faut-il encore d'autres preuves de cette bonté ? Voyez ses empressements, pour nous ramener de nos égarements. Figurez-le-vous tel que l'Ecriture le dépeint ; tantôt debout à la porte de notre cœur pour étudier le moment de s'en faire ouvrir l'entrée ; tantôt fatigué des longs délais de notre ingratitude, et s'asseyant avec tristesse pour nous attendre ; tantôt élevant sa voix plaintive et gémissante, pour fléchir notre dureté. Figurez-vous ce pasteur charitable, qui s'épuise à chercher sa brebis égarée. Hélas ! Selon la justice, ce serait à la brebis à le venir chercher elle-même. Mais la bonté du Pasteur ne lui permet pas d'attendre sa brebis ; il la poursuit, il la cherche, et quand il l'a trouvée, au lieu de s'irriter contre elle, et de la frapper, il la flatte, il la charge sur ses épaules, non pas pour l'empêcher de fuir, mais pour la soulager. Il sait qu'elle s'est fatiguée dans son égarement, il craint qu'elle ne se fatigue dans le retour ; et il oublie qu'il s'est fatigué lui-même à la chercher. Voilà l'image, et une faible image des bontés de Jésus pour nous. Peut-on douter qu'il ne soit bon, qu'il ne soit très bon, qu'il ne soit infiniment bon ; qu'il ne le soit même jusqu'à l'excès, s'il pouvait y en avoir dans sa bonté ? Trouvera-t-on sur la terre un juge qui en ait autant ?

Secondement, Jésus-Christ est un juge compatissant.

Une partie de sa bonté consiste à compatir à nos faiblesses. Autre qualité que vous pouvez désirer dans votre juge, et que nous trouverons en Jésus-Christ. Il y compatit même comme Dieu, parce qu'en cette qualité il nous a créés, il connaît la boue dont il nous a pétris, et la misère de notre faible nature. A plus forte raison, y compatira-t-il comme homme, puisque c'est en cette qualité qu'il a voulu les éprouver lui-même, jusqu'aux tentations du démon. Il n'y a que le péché, dit saint Paul, qu'il n'ait pas souffert : mais pour toutes les autres misères de notre humanité, dit cet apôtre, il les a partagées avec nous ; afin, continue-t-il, de pouvoir compatir à nos infirmités. En effet, tout Dieu qu'il était, son âme, au milieu de ses tentations, a été triste jusqu'à la mort. Il a été, pour ainsi dire, abattu à la vue des épreuves par où il devait passer, et son corps en a souffert une sueur de sang. Il s'est plaint à son père dans sa douleur, de ce qu'il en était abandonné ; et il l'avait prié de le délivrer d'un calice dont l'amertume l'effrayait. Il est vrai que ces mouvements de frayeur, de tristesse, et de crainte, étaient excités par sa propre volonté dans la partie inférieure de son âme, et qu'il ne les a ressentis que parce qu'il l'a voulu. Après tout, il les a ressentis ; et c'est assez pour qu'il compatisse à ceux en qui ces sentiments et ces passions sont involontaires. C'est assez pour qu'il n'exige pas d'eux une insensibilité impossible à notre nature, et pour qu'il pardonne plus aisément à ceux qui crient vers lui du profond de leur misère et de leur faiblesse, dont il connaît par lui-même tout le poids. Aussi l'Église lui demande-t-elle miséricorde, par ses tristesses, par ses langueurs, par son agonie, par ses tentations. En effet, c'est par ces misères, dont il a bien voulu se revêtir pour les éprouver comme nous, qu'il semble plus porté à compatir à celles qui sont en nous la source de tant de péchés.

Troisièmement, Jésus-Christ est à la fois notre juge et notre ami.

❦

Notre juge est plein de bonté, et il est aussi compatissant qu'il est bon. J'ajoute en troisième lieu, qu'il est même le meilleur, le plus tendre de nos amis ; car c'est là le titre qu'il veut bien nous donner, et la qualité qu'il a voulu prendre lui-même à notre égard. Vous êtes mes amis, disait-il à ses apôtres ; et encore : je ne vous appellerai plus des serviteurs, mais des amis. Jésus prend donc, à notre égard, la qualité d'ami : nouveau sujet d'espérer de lui un jugement favorable. Car enfin, sur quel ami pouvez-vous compter ? Vous trouverez qu'il y a encore plus à compter sur l'amitié de Jésus-Christ. Votre ami vous aime tendrement, il vous l'a dit mille fois ; il est prêt de vous servir en toute occasion, et il vous a déjà donné des preuves. Cet amour est grand, mais quelque grand qu'il soit, est-il comparable à celui de Jésus-Christ ? Cet ami, après tout, n'a point de cœur à vous donner, et ce cœur est petit, il est borné ; c'est le cœur d'un homme. Celui de Jésus est grand, il est immense, il est infini, c'est le cœur d'un Dieu. L'amitié de votre ami est faible. Hélas ! Combien d'occasions où il ne peut vous secourir que par ses larmes. Celle de Jésus-Christ est forte et puissante : la nature, l'enfer et la mort sont soumis à ses volontés. L'amour de votre ami est nouveau, il n'y a que quelques années qu'il a commencé de vous connaître. Celui de Jésus est bien plus ancien, il est éternel. Avant tous les temps, il a eu pour vous des pensées de miséricorde et de salut. Il y a plus de dix-sept siècles qu'il vous a préparé, par l'effusion même de son sang, de quoi vous enrichir à jamais. L'amitié dans votre ami est peut-être intéressée : c'est l'espérance de votre protection ou de vos secours, ou tout au moins, c'est le plaisir qu'il trouve lui-même dans l'agrément de votre société qui l'attache à vous. Celle de Jésus n'a d'autre intérêt que le vôtre. Il est riche, il est heureux, il est glorieux, il est Dieu sans vous ; et il ne vous aime que pour votre bien, et pour vous rendre infiniment heureux. L'amitié de votre ami est fragile : une offense, une jalousie, une réponse trop vive, moins que cela encore, un oubli, une froideur, un défaut d'égard ou d'attention, refroidit quelquefois les plus tendres liaisons. Celle de Jésus est constante et durable. Mille et mille offenses ne l'ont pas encore rebuté ; et quoique vous méprisiez sa voix depuis longtemps ; actuellement encore, et pendant que vous lisez ceci, il vous parle, il vous presse, il vous dit tendrement, mon fils donnez-moi votre cœur, de même que je vous ai donné le mien.

Disons plus. Votre ami, votre frère, votre époux, et celui qui vous aime le plus tendrement sur la terre, a-t-il jamais donné sa vie pour vous ? Jésus l'a fait. Vous a-t-il jamais racheté de la mort ? Jésus l'a fait. Vous a-t-il jamais pardonné des trahisons et des ingratitudes ? Jésus l'a fait. Vous a-t-il jamais tiré de la pauvreté pour vous enrichir ? Jésus l'a fait. Vous a-t-il nourri de son corps et de son sang ? Jésus l'a fait. Vous fera-t-il jamais monter sur le trône ? Jésus le fera. Vous rendra-t-il éternellement heureux ? Jésus n'épargne rien pour vous procurer ce bonheur. Jugez après cela si son amitié est préférable. Auquel de ces deux amis donneriez-vous maintenant votre confiance ? Sera-ce à cet homme ou à Jésus ? Laquelle de ces deux amitiés sera plus capable de vous rassurer ? Y a-t-il donc quelqu'un qui ne sente toute la préférence qu'il doit donner à Jésus-Christ, et n'aurions-nous pas honte, après cela, de trop craindre son jugement, de préférer le jugement d'un homme terrestre, dont l'amitié est méprisable en comparaison de celle de Jésus-Christ ? Oui, c'est lui, puisqu'il me permet de le nommer ainsi qui est véritablement mon ami et l'ami de mon cœur. Que dis-je ? Non seulement mon ami, mais qui est aussi mon frère, mon époux, mon libérateur et mon père. Réunissant en lui toutes ces qualités, il réunit tous les sentiments de tendresse que ces qualités doivent inspirer. Et multipliant les titres de son affection, il multiplie aussi, pour ainsi dire, les droits que j'espère avoir sur sa miséricorde.

Quatrièmement, Jésus-Christ est un juge intéressé au succès de notre salut.

❧

Dans ces qualités, je trouve encore un nouveau sujet de me confier au jugement de Jésus-Christ, parce que ces qualités l'intéressent à me juger avec miséricorde. J'ai dit que ce que l'on pouvait ambitionner le plus, c'était de trouver un juge intéressé à la sentence qu'il rendrait en notre faveur. C'est Jésus-Christ qui est ce juge favorable, qui a toute sorte d'intérêt de me sauver. Intérêt de sa gloire ; il la trouve à gagner mon cœur malgré mes rébellions ; il la trouve à oublier mes fautes malgré mon indignité. Plus je suis pécheur, plus il déploie la magnificence de ses miséricordes. C'est ainsi qu'il triomphe dans ses saints. En eux il est glorifié ; il l'est à la vue de tout l'univers, qui voit qu'il est Dieu dans sa miséricorde, comme il l'est dans sa justice. Intérêt, pour ainsi dire, de ses richesses : voudrait-il donc perdre toutes celles qu'il a employées déjà pour moi ? Je lui ai tant coûté à me racheter ; voudra-t-il perdre sans nécessité et sans fruit, le prix de mon salut ? Intérêt, pour ainsi dire, de parenté et de famille : puisqu'il nous appelle ses frères, ses enfants et ses épouses. Un père ne s'intéresse-t-il pas au salut de son fils ; un époux à celui de son épouse ; un frère à celui de son frère ? C'est par ces titres que Jésus nous aime ; c'est aussi par ces titres qu'il s'intéressera à nous sauver. Telle est, ce me semble, la pensée de l'auteur de l'Ecclésiastique, lorsqu'il dit que l'homme renferme sa tendresse dans ses proches, et qu'il se borne à aimer plus particulièrement sa famille ; mais que Dieu, qui compte tous les hommes dans sa famille, parce qu'ils sont tous ses enfants, a pour tous les hommes autant de miséricorde et d'amour qu'on en a pour ceux qui nous sont liés par les liens du sang.

Disons plus, c'est qu'il s'intéresse même à notre salut, plus que nous nous y intéressons nous-mêmes. Si un païen a dit autrefois que l'homme était plus cher aux dieux, qu'il ne l'est à lui-même, on peut dire, à plus forte raison, que nous sommes encore plus chers à Jésus-Christ. La preuve que j'en ai, c'est qu'il fait plus pour notre salut, que nous ne faisons pour le faire réussir. Que n'a-t-il pas fait, et que ne fait-il pas encore ? Et nous hélas ! Que faisons-nous ? Je dirais même volontiers, qu'il semble s'y intéresser encore plus pour lui-même que pour nous. C'est ce que je trouve dans les paraboles évangéliques d'une femme qui cherche un bijou qu'elle a perdu et d'un pasteur qui court après une brebis égarée. Après bien des travaux et des soins, l'un et l'autre retrouvent ce qu'ils cherchaient, et aussitôt ils rassemblent leurs amis, pour leur en dire la nouvelle, comme l'on raconte avec plaisir un succès heureux auquel on s'intéresse. Ils les rassemblent pour en être félicités comme d'un grand avantage. Le pasteur ne dit point : Congratulez ma brebis de son retour heureux, de ce qu'elle a évité les dents des bêtes féroces : non, c'est lui-même qui veut être félicité. Réjouissez-vous avec moi, dit-il, parce que je suis au comble de la joie. J'en suis transporté, je cherche quelqu'un qui la partage avec moi. Toutes les peines que j'ai essuyées ne me sont rien : Ma brebis est retrouvée et je suis trop heureux. Ne dirait-on pas que le bonheur ou les richesses de ce pasteur ne dépendent que de sa brebis, et que sans elle il ne serait ni riche ni heureux ? C'est ainsi, ô mon Sauveur ! que vous nous cherchez, et que vous vous intéressez à notre salut. Malheur à celui qui n'est pas touché de ces empressements. Malheureux même celui qui ne trouve pas dans cette bonté, de quoi se rassurer dans ses défiances.

Mais quoi, diront ici les âmes timides ; Jésus-Christ est ami, il est père, il est compatissant, il est intéressé à nous sauver ; mais après tout il est juste. Peut-il n'être pas irrité contre moi qui suis pécheur ? Peut-il se dispenser de prononcer des arrêts terribles contre moi, qui ne mérite que des châtiments ? On aura beau décrire les traits de sa miséricorde ; il faudra toujours reconnaître les droits de sa justice. Oui, il est vrai, il faut les reconnaître ; mais j'ajoute que ce n'est pas à ce qui justifie les excès de la crainte, dans ceux qu'elle domine. Pour achever leur conviction, je prétends que c'est cette justice même dont ils sont effrayés, qui doit faire leur espérance. Oui, nous avons plus à espérer de Dieu, parce qu'il est juste, que nous n'aurions à espérer s'il ne l'était pas. C'est ce qu'il faut expliquer dans le paragraphe suivant.

Cinquièmement, quoique Dieu soit un juge plein de justice, c'est précisément parce qu'il est juste, que nous devons plus espérer en lui.

Pour entendre ce que je viens de dire, il faut se souvenir que le pécheur pénitent ne demande part à la miséricorde de son Dieu, qu'en vertu d'un droit incontestable qu'il a pour l'obtenir. Quel est donc ce droit ? C'est celui de Jésus-Christ ; c'est celui que lui donnent les mérites de Jésus-Christ.

Si le pécheur demandait miséricorde en son nom ; s'il la demandait par la vertu de ses propres larmes ; s'il la demandait par le mérite de ses bonnes œuvres, il serait méprisé, et indigne d'être exaucé. Mais quel prix présente-t-il ? Les satisfactions mêmes du Fils de Dieu ; sa croix, ses souffrances, son sang, ses larmes et ses plaies, digne prix de la miséricorde de Dieu, et des grâces qu'on en peut attendre, quelque infinies qu'elles puissent être et quelque indignes que nous en soyons. Le prophète étonné de la justice de Dieu, disait autrefois : Si vous comptez nos iniquités, qui pourra soutenir votre colère ? Mais aussitôt il ajoutait pour se rassurer, en Dieu il y a une miséricorde. Et pourquoi ? Parce qu'il y a aussi en lui une rédemption, et qu'il rachète Israël de tous ses péchés, quelque grands, et quelque nombreux qu'ils puissent être. C'est donc avec cette rédemption abondante, que nous remplissons tous les droits de la justice de Dieu. Nous trouvons ce trésor en Jésus-Christ, en lui nous le possédons, par lui nous le présentons à son Père, et nous sommes en droit, avec un tel prix, de tout attendre de sa miséricorde. C'est cette pensée qui fait ma consolation, lorsque étant à l'autel j'ai l'honneur de tenir entre mes mains le corps précieux de mon Sauveur, et son sang inestimable. Alors je me crois en droit de dire : Mon Père et mon Dieu, si vous êtes irrité contre moi, voici de quoi vous satisfaire. Ce trésor que je tiens est à moi, parce que Jésus-Christ me l'a donné. Mais ce trésor est infini, et aussi infini que vos grâces et que votre miséricorde. Mettez le salut que je demande, mettez votre paradis, vos bienfaits à si haut prix que vous voudrez, voici de quoi vous satisfaire et contenter votre justice.

Le pécheur ne dit donc pas, regardez-moi Seigneur. Au contraire, confus de la misère où il se voit, il dirait volontiers, comme le disait saint Pierre dans sa frayeur, retirez-vous de moi Seigneur ; car je suis souillé. Il baisse les yeux contre terre comme le publicain, parce qu'il n'ose les lever vers le ciel, de peur ce semble, d'attirer les regards de Dieu ; ou comme Madeleine qui arrosait de ses larmes les pieds de Jésus-Christ, se tenant derrière lui. Mais si le pécheur n'ose se montrer lui-même, il dit à Dieu Seigneur, regardez votre fils. Regardez ses plaies et son sang, et vous serez apaisé. Que dis-je, est-ce le pécheur qui parle ? Non ! C'est le fils de Dieu lui-même, qui sollicite son père pour le pécheur, et qui, se revêtant pour ainsi dire de la personne du pécheur, dit en son nom et pour lui ; mon père j'ai péché. En même temps il offre à ce père irrité les trésors infinis de ses mérites, pour remplir tous les droits de sa justice ; et par là cette justice nous devient elle-même favorable.

C'est en ce sens que Jésus-Christ est non seulement notre médiateur, mais qu'il est encore, dit saint Jean, notre avocat auprès de Dieu. Il y a en effet de la différence entre ces deux qualités. Le médiateur demande miséricorde, il la demande, lors même qu'on ne la mérite point : il la demande, ce semble, avec une sorte de crainte ; mais l'avocat demande justice. Il la demande avec fermeté, il la demande avec autorité et avec assurance. Si le tribunal devant lequel il parle est un tribunal juste et éclairé, il la demande en vertu des pièces qu'il produit. Bien loin de s'effrayer de la justice du tribunal où il parle, c'est dans la justice même de ce tribunal qu'il établit sa confiance. C'est ainsi que Jésus-Christ parle pour nous ; c'est ainsi qu'il parle avec autorité et avec assurance. Il parle les titres en main, et ses titres sont aussi incontestables que ses plaies sont évidentes. Il en a gardé même les cicatrices dans le ciel, pour les montrer sans cesse à son père, comme le prix de ses miséricordes. Qu'avons-nous à craindre après cela au tribunal de Dieu, quand un tel avocat y prend notre défense ? Quelque sévère que soit ce tribunal, après tout il est juste, et dès qu'il est juste, que peut-il refuser à Jésus-Christ ? Plus même ce tribunal est juste, et plus il y a sujet d'en attendre une décision favorable.

Suite de la même pensée. Autre raison qui prouve que la justice même de Dieu doit fortifier notre confiance.

~~~~~

Ajoutons ici un second raisonnement : rien n'est plus propre à apaiser les craintes du fidèle, que de lui montrer la justice même de Dieu intéressée à son salut. Je le tire, ce raisonnement, des promesses que Dieu nous a faites. J'ose le dire : je crois qu'il est obligé comme par justice, de nous donner ce qu'il ne nous a promis que par miséricorde. En effet, y a-t-il rien de plus juste que de garder sa parole, et d'être fidèle dans ses promesses ? Or, c'est mille fois qu'il nous a promis de nous pardonner lorsque nous retournerions à lui avec un cœur contrit et humilié. Il est vrai que c'est par sa grande miséricorde qu'il s'est engagé ainsi à nous recevoir ; mais puisqu'il a bien voulu y engager sa parole, ce Dieu que saint Paul appelle un Dieu fidèle dans ses promesses, exécutera par la fidélité de sa justice, ce qu'il nous a promis par la tendresse de sa miséricorde. Remarquez même quelle étendue il donne à cette promesse. Si l'impie, dit-il, fait pénitence de tous ses péchés, il vivra, et je les oublierai tous. Et encore : En quelque jour que l'impie se convertisse, dans le même jour son impiété lui sera pardonnée, et elle ne lui nuira point. Il n'adresse pas seulement la parole aux faibles, ou aux pécheurs entraînés par la fragilité humaine ; mais même aux impies, et ce mot comprend tout ce qu'il y a de plus odieux. Les sacrilèges, les athées, les profanateurs, les blasphémateurs et les idolâtres, tous ceux-là recevront miséricorde s'ils la demandent. Il ne dit pas, s'ils la cherchent longtemps, s'ils la méritent, s'ils l'achètent par leurs œuvres ; non, il ne met d'autres conditions que la sincérité et la droiture du cœur qui la demande. Il la recevra, non après de longues sollicitations, mais dans le jour même de la demande et de sa conversion. Le soleil qui verra sa pénitence verra aussi son pardon. Dieu voulant pratiquer lui-même, pour ainsi dire, ce qu'il nous ordonne dans son évangile, le soleil ne se couchera point sur sa colère, si le pécheur ne s'endort point sur son endurcissement. Voilà ce que je demande à Dieu ; voilà (j'ose le dire) ce que je suis en droit d'exiger de lui en vertu de ses promesses, et, comme je l'ai dit, au nom et par les mérites de Jésus-Christ.

Il est vrai qu'en promettant le pardon à celui qui se convertit, Dieu n'a pas promis le lendemain à celui qui diffère de se convertir. Si le pécheur renvoie au lendemain sa conversion, il se met en péril de tout perdre. C'est là ce qui prévient les conséquences injustes que le pécheur voudrait tirer de ces promesses miséricordieuses, pour s'autoriser dans le délai de sa conversion. Il ne lui est pas promis que Dieu attendra la fin de ces injustes délais. Au contraire, la même écriture qui lui promet le pardon, l'assure de la surprise qui lui ôtera le loisir de le demander. Celui qui lui promet miséricorde, le menace aussi de lui ôter bientôt le temps et les moyens de l'obtenir, s'il néglige de la demander. Mais de même que ce qui console le pénitent ne doit pas autoriser le pécheur, de même aussi ce qui effraye le pécheur, ne doit pas troubler le pénitent. Le dernier doit croire que Dieu exauce ses désirs, puisque, comme je l'ai dit, non seulement cela est de la nature de sa miséricorde, mais que c'est aussi le devoir de sa justice.

Saint Paul en était convaincu, lorsqu'il disait : Dieu me garde une couronne, mais une couronne de justice qu'il me donnera un jour, lui qui est juste dans ses jugements, et non seulement à moi, mais aussi à tous ceux qui désirent sa venue. Paroles qui pourraient paraître hardies, mais qui sont vraies dans toute leur étendue ; particulièrement selon le sens que ce que je viens de dire apprend à leur donner. Ce n'était ni sur les travaux de l'apostolat, ni sur ses propres bonnes œuvres, que l'Apôtre fondait ce titre de justice. On le voit assez en ce qu'il donne le même droit à tous ceux qui désiraient la venue du royaume de Dieu. D'ailleurs, il savait bien que ce n'est point dans nos bonnes œuvres que nous pouvons mettre notre confiance : car, comme dit saint Augustin, malheur à la vie la plus sainte, si Dieu l'examine sans miséricorde. C'est là, je le dis en passant, ce qui peut consoler le pénitent qui s'afflige de n'avoir pas de bonnes œuvres à offrir, et qui en tire un sujet de découragement. Ce ne sont pas tant vos bonnes œuvres, que Dieu demande pour vous pardonner, que la conversion de votre cœur. C'est l'amour de votre cœur, c'est la confiance de votre cœur qu'il vous demande : avec cela vous avez tout à espérer. Mais revenons au sentiment de l'apôtre. Sur quoi donc fondait-il ce titre de justice, qu'il prétendait avoir sur la couronne qu'il attendait ? C'était sans doute sur la vérité des promesses de Dieu, et sur la sainteté des mérites de Jésus-Christ.

Avouons-le donc ici à la gloire de notre Dieu, et pour la consolation des âmes que la crainte jette dans l'abattement, que nonobstant la sévérité des jugements éternels, le juste fidèle et le pécheur pénitent trouvent dans la justice de Dieu, de quoi nourrir, et de quoi exciter leur confiance. Si la justice même de ce tribunal sévère nous est favorable, que sera-ce si nous joignons tout ce que la miséricorde nous en fait espérer ? Quelle plus solide confiance, que celle qui est appuyée tout à la fois sur la justice comme sur la miséricorde ? Puisque cette justice même soutient notre confiance, ne devrions-nous pas y trouver notre consolation, et dire avec le prophète : Seigneur, je me suis souvenu de vos jugements éternels, et ces jugements-là mêmes ont fait ma consolation.

Seconde objection des âmes timorées. La grandeur et la multitude de leurs péchés.

Voilà déjà de quoi rassurer les âmes trop timides, et trop effrayées sur le premier objet qui cause leurs terreurs, mais ce n'est pas encore assez pour elles. La justice seule de Dieu ne fait pas leur inquiétude. C'est leurs propres péchés, dont elles voient le nombre et l'énormité, et dont elles n'osent presque espérer le pardon. C'est là un second obstacle qu'elles opposent à la confiance que je demande d'elles : obstacle qu'il faut lever par de nouvelles réflexions.

Il est vrai que nos péchés sont grands, que nos ingratitudes, nos infidélités sont fréquentes, qu'elles sont nombreuses, qu'elles sont énormes, et qu'elles ne méritent elles-mêmes aucune miséricorde. Il est vrai qu'il y a bien de quoi effrayer, non seulement ceux qui croupissent dans les désordres d'une vie toute mondaine, mais encore ces âmes à demi dévotes, qui se permettent sans scrupule ce qu'elles appellent des fautes légères, et qui chaque jour multiplient à l'infini et volontairement leurs infidélités. Celles-ci ne peuvent trop s'alarmer des justes sévérités de Dieu. Car quand on ne craint pas de pécher, on ne peut trop craindre la justice de celui qui punit, tôt ou tard, le péché.

Aussi ce n'est pas pour ces âmes lâches et présomptueuses que j'écris. Je l'ai dit cent fois, et je ne me lasserai pas de le répéter, je veux ici fortifier la faiblesse, et non pas nourrir la présomption. C'est donc aux âmes faibles et timides que je m'adresse, à celles qui craignent le péché, qui veulent en sortir, et y renoncer pour jamais ; à celles qui aiment Dieu véritablement, sincèrement, cordialement, ou au moins qui veulent l'aimer ainsi ; à celles qui, ne croyant pas l'aimer assez, s'en affligent et s'en plaignent avec amertume ; car tout cela c'est toujours aimer, et aimer véritablement. C'est à celles-là que je dis avec Jésus-Christ, prenez confiance, vos péchés vous sont remis. Quelque grands, quelque énormes, quelque nombreux qu'ils soient, la miséricorde de Dieu est encore plus abondante. Elle n'est que pour les misérables, comme la rédemption n'est que pour les captifs, et le pardon que pour les pécheurs. C'est donc aux pécheurs, aux captifs, et aux misérables, qu'il appartient d'espérer. Plus même ils sont misérables et pécheurs, et plus, ce me semble, ont-ils droit d'espérer en la miséricorde de Dieu. Donnons plus de jour à cette pensée ; et apprenons aux fidèles à se former une juste idée de l'étendue de la miséricorde de notre Dieu.

Si Dieu haïssait le pécheur, tandis que le pécheur vit sur la terre ; s'il l'oubliait tandis qu'il en est oublié ; si au lieu de l'attendre avec patience, il le prévenait dans sa colère ; s'il le rebutait quand il le voit revenir à lui ; s'il était inexorable quand ce pécheur lui demande pardon avec humilité, hélas ! On aurait sujet de se livrer à la crainte. Le désespoir même paraîtrait raisonnable. Mais ce n'est pas à ces traits que je reconnais mon Dieu et mon Sauveur. Je vois au contraire qu'il aime le pécheur ; que bien loin de l'oublier, il le rappelle sans cesse de ses égarements ; qu'au lieu de se rebuter de ses délais, il l'attend avec impatience ; qu'il lui pardonne aisément, et le reçoit avec tendresse lorsqu'il le voit revenir. Voilà le portrait que l'Ecriture nous fait du cœur et des bontés de notre Dieu. Voyons en détail tous les traits de ce tableau.

Réponse à l'objection précédente. Les sentiments de Dieu envers le pécheur sont des sentiments de miséricorde. – Il l'aime, et même il s'attendrit, pour ainsi dire, sur lui, en tant que pécheur.

Dieu hait le péché, j'en conviens ; mais il ne laisse pas d'aimer le pécheur. Il l'aime avec tendresse ; il semble même qu'il suffit qu'il soit pécheur, pour avoir part à cette tendresse de son amour. Hé pourquoi ne l'aimerait-il pas ? Tout pécheur qu'il est, il est encore sa créature, il est son ouvrage, et, qui plus est, il est son enfant C'est ce qui nous est figuré par la tendresse de ce saint roi, qui, chassé de son trône par un fils dénaturé, conservait encore pour ce fils toute la tendresse paternelle ; tandis qu'il était obligé, pour la sûreté de sa vie, de s'armer contre lui, et de le poursuivre comme un rebelle.

Le crime d'Absalom ne pouvait être plus énorme ; et cependant l'amour de David ne peut être plus tendre. Il est obligé de marcher à la tête d'une armée contre ce fil dénaturé, et de lui livrer une bataille décisive. Mais son plus grand soin avant le combat, c'est de recommander à ses officiers et à ses troupes, de lui sauver son fils. Ce fils ambitieux, cruel, ingrat, perfide et criminel, c'est ce fils même que David aime encore, et qu'il désire de sauver, quoiqu'il ne puisse le faire qu'aux dépens peut-être de sa couronne, et aux risques de sa vie. Cependant, comme l'on sait, ce fils périt dans le combat. David triomphe des rebelles ; mais ce prince est insensible à sa victoire et n'est touché que de la mort de son fils. Il oublie que cette mort le délivre du plus indigne fils qui fût au monde, qu'elle lui rend son royaume, et qu'elle met sa vie en sûreté. Il oublie, dis-je, tous ces avantages, pour ne songer qu'à la perte qui intéresse son cœur. Il répand des torrents de larmes ; il se couvre le visage pour ne plus voir le jour ; il attendrit toute sa cour par ses cris ; il jette la consternation dans toutes ses troupes ; il voudrait avoir sacrifié son royaume et sa vie même, pour sauver celle de ce malheureux. O mon fils, mon cher, fils, mon fils Absalom. ! Hélas ! Qui m'ôtera la vie pour vous la rendre, et plût à Dieu que je fusse mort pour vous !

Tels sont les sentiments de tendresse que Dieu notre père a pour nous, lors même que le péché nous jette dans la révolte contre lui. En effet, c'est le pécheur qui est figuré par l'ingrat Absalom ; et le crime de ce prince n'a rien d'odieux qui ne se trouve dans la rébellion de l'homme qui viole la loi de son Dieu. Mais si ce pécheur est aussi criminel qu'Absalom, Dieu n'est pas moins tendre que David. Car quelle attention dans ce Dieu aimable, le père de notre vie ? Quelle attention, dis-je, pour la conservation du pécheur, dont tout l'univers demande la mort et le châtiment. Il me semble l'entendre crier à tous les ennemis de notre vie, et de notre salut, sauvez-moi mon fils Absalom ; conservez-le, épargnez-le. Hélas ! Dans une telle occasion, je pensais périr par une maladie, ou par un accident funeste. J'étais alors dans le péché, et si je fusse mort, c'était fait de moi pour l'éternité. Mais, mon Dieu et mon Père ! Vous étiez inquiet pour ma vie : vous l'étiez pour mon salut ; et dans les empressements de votre tendresse, vous ordonniez à vos créatures de me secourir. Vous envoyiez vos anges pour me protéger, vous disiez : C'est mon fils, c'est mon fils Absalom ; sauvez-le, sauvez celui que j'aime.

C'est ainsi que Dieu aime le pécheur : j'ajoute même qu'on peut dire, en un sens, qu'il est intéressé à aimer ainsi le pécheur. Je prie le lecteur de remarquer combien les pécheurs, quelque indignes qu'ils soient, sont utiles à sa gloire. En effet, sans l'excès de leur impiété, connaîtrions-nous la magnificence de la miséricorde de notre Dieu ; et cette miséricorde se serait-elle manifestée à nos yeux dans toute son étendue ? Non sans doute : ce qui a donné occasion à Dieu de montrer sa bonté, c'est la malice des hommes. Aussi, selon le prophète, c'est dans le pardon qu'il leur accorde qu'il trouve sa propre gloire. Dieu attend, dit-il, le pécheur pour lui pardonner, et c'est dans ce pardon qu'il accordera, qu'il sera glorifié. Et le même prophète ajoute ailleurs, que s'il pardonne, ce n'est pas seulement pour l'avantage du pécheur qu'il le fait, mais aussi pour lui-même, et pour sa gloire propre. C'est par cette pensée que l'on peut expliquer ce mot de saint Paul, qui paraît avoir quelque obscurité : Tous ont péché ; dit-il, et ils ont besoin de la gloire de Dieu De quelle gloire parle cet apôtre ? C'est de celle qu'un Dieu miséricordieux trouve à pardonner. Il est de la Gloire d'un roi de punir, mais il est aussi de sa gloire de remettre la punition. S'il lui est glorieux de dompter, d'humilier les rebelles, il serait indigne de sa majesté et de son courage, d'exercer des rigueurs sur ceux qui recourent à sa clémence. Telle est, ce me semble, la grandeur de notre Dieu. Tous ont péché, tous se sont révoltés, tous ont mérité d'être la victime de sa justice. Comment peuvent-ils l'éviter, puisqu'il était de sa gloire de les humilier et de les punir ? Il fallait que ce Dieu trouvât aussi sa gloire dans leur pardon. C'est cette gloire de la miséricorde de Dieu qui devient pour eux un principe de salut et un sujet d'espérance. En ce sens, les pécheurs avaient besoin de la gloire de Dieu, pour recevoir le pardon de leur crime.

Il est aisé de conclure de tout ceci, que quoique nous soyons pécheurs, nous ne devons pas croire pour cela, que Dieu n'ait pour nous que des sentiments de vengeance et de haine. Ce sont les misérables et les pécheurs qui sont les objets de sa miséricorde. Le propre de cet attribut c'est de pardonner. Or, à qui est-ce que la miséricorde pardonnera ? Sera-ce à des innocents ? Ne sera-ce point plutôt aux coupables, qui, humiliés après leurs crimes, apportent pour tout mérite à son tribunal, l'humble aveu de leur misère, et le désir sincère d'en sortir ? C'est sur ceux-là qu'elle exerce plus glorieusement son pouvoir. J'ai ressenti, disait l'apôtre saint Paul, parlant de sa conversion, j'ai ressenti les effets d'une miséricorde que je ne méritais point, parce qu'elle a voulu montrer en moi toute son étendue, pour servir d'exemple à ceux qui doivent croire en Jésus-Christ. Tous les pécheurs ressentiraient comme lui les effets de la miséricorde de Dieu, s'ils n'y apportaient point d'obstacle par leur défiance ou par leur présomption.

Ce n'est donc pas, encore une fois un obstacle à recevoir la miséricorde de Dieu, que d'être pécheur. Il semble au contraire, que c'est un motif qui peut aider à l'espérer encore davantage. Un prince a fondé un hôpital magnifique ; tous les pauvres sans exception y sont reçus et traités avec soin : les malades, les estropiés, ceux qui sont couverts d'ulcères et de haillons, désespèrent-ils d'y entrer à cause de leur misère, et sur leurs haillons, sur leurs ulcères et leurs infirmités pour y être reçus ? Ne pensent-ils pas que la porte d'une maison destinée à recevoir tous les misérables ne sera point fermée aux plus misérables de tous ? C'est ainsi que le nombre et l'énormité de mes péchés ne me décourage point, de même que ce pauvre ne serait point découragé par sa misère. Quelque grands qu'ils soient, ces péchés, bien loin de m'exclure de la miséricorde de Dieu, ils me laissent au contraire tout le droit que j'ai d'y prétendre et de l'invoquer. Parce qu'ils sont énormes et sans nombre, je dis plus volontiers : Mon Dieu ! Sauvez-moi, délivrez-moi. Si je suis le plus grand de tous les pécheurs, c'est en cela, Seigneur, que vous montrerez plus glorieusement toute l'étendue de votre miséricorde, et la puissance de votre rédemption.

Dieu appelle le pécheur, et les menaces mêmes qu'il fait en l'appelant sont plus propres à exciter notre confiance, qu'à rebuter notre faiblesse.

Dieu aime le pécheur, tout pécheur qu'il est. Si nous en doutons encore, songeons avec quelle bonté il l'appelle dans ses égarements, pour le ramener à lui. Nous l'avons déjà exposé au long, et nous ne le répéterons pas ici. Remarquez seulement, que ceux qu'il est venu chercher, ce sont les pécheurs ; ceux pour qui il est mort, ce sont les pécheurs ; ceux qu'il appelle, ce sont les pécheurs, ceux qu'il presse plus vivement, ce sont les plus grands pécheurs ; ceux qu'il appelle le plus fort, si j'ose me servir de cette métaphore, après lesquels il crie plus haut, ce sont ceux qui sont les plus éloignés de lui. Avoir péché, avoir beaucoup péché, avoir commis d'énormes péchés, n'est donc pas une raison de croire qu'il rejettera celui qui voudra cesser de pécher A-t-on jamais pensé que ce qui fait la matière de la miséricorde, dût en être l'obstacle et la refroidir sur nous ?

Il est vrai que notre Dieu, lassé d'appeler avec douceur des pécheurs insensibles à ses caresses, leur fait des menaces et des reproches. Toute l'Ecriture en est pleine. Mais est-ce là ce qui doit nous empêcher d'aller à lui avec confiance ? Non sans doute. Au contraire, c'est là ce qui me découvre encore mieux la répugnance qu'il a à nous punir. Car enfin, faire des plaintes, des reproches et des menaces, ce n'est pas là le langage d'un Dieu irrité, qui ne pardonne point. Ce n'est pas ainsi que la vraie colère parle par la bouche de celui qui a entre les mains de quoi se venger. C'est de la dissimulation et du silence que part la vengeance, comme l'éclair qui sort d'un nuage sombre. Menacer, c'est avertir, c'est différer, c'est donner le temps d'éviter la punition. Ne sont-ce pas là autant d'effets de la miséricorde ?

C'est ce qui nous est sensiblement marqué dans l'histoire de la conversion des Ninivites. Qui ne croirait que la colère de Dieu a résolu leur ruine, lorsqu'on voit un prophète envoyé exprès pour leur signifier de sa part l'arrêt porté pour la destruction de leur ville ? Dans combien de temps cet arrêt doit-il être exécuté ? Ce n'est pas dans un siècle, ou dans un an, mais dans le court délai de quarante jours. Le prophète ne dit pas, faites pénitence pour éviter la destruction ; peut-être obtiendrez-vous miséricorde : ou bien votre ville sera ruinée de fond en comble, si vous ne faites pénitence. Non, ce n'est pas ainsi qu'il parle. L'arrêt paraît absolu, et semble être irrévocable. Dans quarante jours Ninive sera détruite. Le peuple même de la ville le croit ainsi ; et s'il fait pénitence, ce n'est qu'en doutant du succès que cette pénitence devait avoir pour fléchir la colère de Dieu. Peut-être, disent-ils, Dieu nous pardonnera-t-il. Ce peut-être, ce doute, cette incertitude leur suffit, il est vrai, pour les porter à la pénitence, mais après tout ce n'est qu'un doute, et ils n'osent s'assurer positivement du pardon.

Le prophète lui-même ne croyait pas qu'ils dussent l'obtenir. Il s'attendait à voir l'accomplissement de sa prophétie ; et n'osant après sa prédication rester dans la ville, de peur d'y être enseveli sous ses ruines avec les coupables, il se retira sous un arbre hors de son enceinte, pour être témoin des vengeances de Dieu. Comment est-ce donc, prophète, que vous ignorez les miséricordes de Dieu, qui ne menace que par bonté ? Est-ce que s'il eût résolu de perdre cette ville sans rémission, il vous eût envoyé pour en avertir les habitants ? Eût-il attendu encore quarante jours pour exécuter ses desseins ? Eût-il voulu donner ce terme à ceux qui n'auraient eu rien à espérer de lui ? C'est là la leçon que Dieu voulut faire lui-même à Jonas ; et prenant occasion du chagrin que ce prophète avait conçu de la mort d'un arbrisseau qui lui donnait de l'ombrage, il lui dit : Vous vous intéressez à la vie de cet arbrisseau, qui n'est point à vous, et que vous n'avez point planté ; et moi, comment pourrai-je être insensible à la ruine d'une ville, où il y a tant de peuple, et même tant d'âmes innocentes ? Ces hommes sont mon ouvrage, ils sont à moi ; ce sont mes enfants, c'est moi qui leur ai donné la vie. Comment ne me laisserai-je pas toucher par leur humiliation ? Je ne les ai menacés que pour les ramener à la pénitence. Puisqu'ils la font, que puis-je désirer davantage de leur obéissance ? Perdrai-je donc un peuple docile et humilié ?

C'est ainsi que Dieu est miséricordieux jusque dans ses plaintes, ses menaces, et ses reproches ; qu'il l'est pour tous ceux qui sont pécheurs ; que c'est sincèrement qu'il les appelle ; qu'il craint, ce semble, d'être obligé de les punir. Avoir beaucoup péché, n'est donc pas une raison de croire que l'on n'aura point de part à sa miséricorde.

Ici je me rappelle le souvenir d'un exemple touchant, que rapporte un auteur de l'antiquité, et dont l'application rendra ce que je dis plus sensible.

Confirmation de ce qu'on vient de dire.
Image de la tendresse avec laquelle Dieu
recherche le pécheur, dans une histoire
rapportée par un auteur de l'antiquité.

⁂

Un homme fut si malheureux en enfant, que n'en ayant qu'un, ce fils dénaturé, sans aucun sujet de mécontentement, se résolut d'assassiner son père, de qui il n'avait jamais reçu que du bien. Il se mit même à en chercher l'occasion. Le père l'ayant appris d'une manière à n'en pouvoir douter, cacha un jour un poignard dans son sein ; et priant son fils de l'accompagner, il le mena dans un lieu écarté au fond d'une épaisse forêt, où la lumière même du jour avait peine à pénétrer. Alors se voyant seul avec ce méchant fils, il tire son poignard. Le fils étonné de ce spectacle, pensa aussitôt que c'était fait de lui ; et sa conscience lui reprochant tous ses mauvais desseins il ne douta point que son père ne l'eût amené dans ce lieu secret, pour en tirer plus sûrement la vengeance. Ce n'était pas là le dessein de ce bon père. " Mon fils, lui dit-il, prenez ce poignard, et puisque vous avez tant d'envie de m'ôter de ce monde, contentez en sûreté votre fureur. Voilà mon sein, plongez-y ce fer. Que votre main parricide ne m'épargne point, je n'y résisterai pas. Je vous ai amené dans cette solitude, afin qu'en vous offrant ma vie, je puisse sauver la vôtre et garantir votre honneur. Vous n'aurez que faire d'employer des assassins, ni de préparer des poisons : il y aurait trop de risques pour vous. Mon fils, voilà ma tête, ôtez-la sans péril à celui qui vous déplaît dans ce monde. Si une aveugle fureur vous a fait oublier que vous étiez mon fils, je n'oublierai pas que je suis votre père. Je veux que vous me deviez une seconde fois la vie que je sauve des mains des bourreaux, en vous sacrifiant la mienne dans ce lieu solitaire. Encore une fois, mon fils, mon cher fils, quelque cruel que soit votre désir, contentez-le : aussi bien dois-je mourir bientôt, ou par votre cruauté, ou par ma douleur. J'aurai en mourant ici la consolation de cacher dans les ténèbres la honte de votre parricide ; et je vous donnerai encore une fois cette marque de ma tendresse, à laquelle vous auriez dû être plus sensible. "

Quelque dur que fut ce fils dénaturé, il fut attendri à ces paroles. Il se jeta aussitôt aux pieds de son père ; et pressé d'un côté par la honte de son crime, et de l'autre par la bonté admirable de son père, il s'efforça en vain de lui répondre. Ses sanglots et ses larmes étouffaient ses paroles : à peine put-il lui dire ces mots entrecoupés de soupirs. Vivez, mon cher père, vivez toujours. C'est à moi de mourir, je l'ai trop mérité. Tournez ce poignard contre moi, je ne puis plus souffrir le jour après avoir été criminel. Ensevelissez pour jamais dans ces lieux l'opprobre de mes cruels desseins. Si votre main ne me punit pas, il faut queÉÉIl ne put achever ; ses sanglots redoublés éteignirent sa voix, et le père fondant en larmes à son tour, se jeta sur le cou de ce fils, transporté de joie de le voir attendri. S'efforçant de le relever, ils furent longtemps sans pouvoir se parler autrement que par leurs larmes.

Que ce fils ait été touché de la bonté charmante de son père, nous n'en sommes pas surpris ; mais qu'aurions-nous dit, si, insensible à tous les sentiments de la nature, il eût saisi le poignard que son père lui présentait, pour contenter sa fureur ? Aurions-nous des termes pour exprimer la honte de cette ingratitude, et tout ce que nous ressentirions d'indignation contre ce cruel parricide ? Hélas ! Modérons notre courroux, arrêtons l'excès de notre indignation, ou plutôt tournons-la contre nous-mêmes. Voilà ce que nous ne faisons que trop tous les jours. Je reconnais véritablement dans la tendresse de ce père, celle de Jésus-Christ, qui a bien voulu nous offrir sa vie, pour nous montrer son amour et pour exciter le nôtre. Mais je ne reconnais point dans notre conduite la conversion de ce fils dénaturé. Au lieu d'être touchés de la tendresse d'un Dieu si bon, combien ajoutons-nous chaque jour de crimes à ceux qui l'ont attiré sur la terre ? Il s'est offert aux hommes afin de mourir pour eux ; et les hommes ont assouvi sur lui toute leur fureur. Non contents de cette barbarie, nous ajoutons, pour ainsi dire, autant de morts nouvelles, que nous commettons de crimes. Il se présente encore si souvent à nous ; il nous parle, il nous presse, il se met entre nos mains ; et de toutes ces avances miséricordieuses il ne tire d'autre fruit que des mépris et des insultes. N'est-ce pas là prendre le poignard de la main de son père, pour le lui plonger dans le sein ?

Qui ne croirait que ce père, je dirais presque trop bon, ne dût enfin s'irriter d'une telle ingratitude ? Ce n'est pourtant pas encore là le terme de sa tendresse. Assez miséricordieux pour appeler le pécheur dans son égarement, il est encore assez patient pour l'attendre dans ses délais.

Troisièmement, Dieu, après avoir parlé en vain, veut bien encore attendre avec patience le retour du pécheur. Combien cette patience est admirable ! Quelle conséquence le pécheur en doit tirer.

Dieu attend en effet le pécheur, et c'est pour cela qu'il est aussi lent à punir qu'il est prompt à pardonner. Les hommes, dit admirablement saint Chrysostome, sont longs à former un ouvrage, et diligents à le détruire. Dieu, dans les ouvrages de sa grâce, en use tout autrement. Il est prompt à les former, il est prompt à purifier, à pardonner. Un instant lui suffit pour créer l'homme, pour sanctifier saint Jean, pour convertir saint Paul, pour toucher Magdeleine, pour accorder le pardon au larron. Mais, faut-il punir, on dirait presque qu'il oublie le pouvoir qu'il a de faire, il diffère, il attend, il menace, il dissimule, il semble presque ignorer nos crimes. S'il est enfin obligé de punir, il éloigne encore le temps de la punition, soit pour nous montrer que ce n'est qu'à regret qu'il la fait, soit pour nous donner occasion de trouver dans ce nouveau délai quelque moment pour fléchir sa colère. Il veut perdre les hommes par le déluge ; il veut les effacer de dessus la terre qu'ils avaient souillée par leurs abominations : il est cent ans à les en menacer. Il veut punir Ninive de ses crimes, il prononce, après mille délires, jusqu'à une dernière sentence ; mais il en diffère l'exécution quarante jours. Il veut punir le peuple juif par la captivité : plusieurs siècles sont employés à la leur prédire. Il s'empresse pendant ce temps-là, de leur faire parler par cent prophètes. Et selon l'expression d'un de ces prophètes, il se lève dès le grand matin pour les solliciter à la pénitence. Il est comme un homme empressé qui craint un malheur, et qui interrompt son sommeil pour y chercher des remèdes. Telle est la patience de Dieu, à attendre la conversion du pécheur.

Or, c'est encore ici un nouveau caractère de sa bonté pour lui, caractère si propre à le rassurer dans sa défiance ; jusque-là même que je crains que le pécheur n'en tire trop d'assurance, pour persister dans le péché. Quelle bonté en effet, que d'attendre la pénitence de celui qui a abusé de tout ce qui devait le porter à la faire ! Qu'est-ce qu'attendre le pécheur ? C'est souffrir patiemment ses insultes, ses mépris et les indignes préférences qu'il donne à toutes les créatures. Attendre le pécheur, c'est lui donner le temps d'être pécheur, et d'aggraver son péché. Attendre le pécheur, c'est, ce me semble, ô mon Sauveur ! risquer votre propre gloire, et tout le fruit de votre passion. Y a-t-il rien qui puisse mieux montrer l'excès de votre tendresse pour les pécheurs ?

Certes, ce n'est pas par impuissance que Dieu en use ainsi. Au contraire, dit l'Ecriture, c'est parce qu'il est infini dans sa puissance, qu'il semble craindre d'exercer son pouvoir, et qu'il le retient, pour donner lieu à la pénitence. Pouvoir tout, c'est ordinairement parmi les hommes un titre pour n'avoir pitié de personne ; mais en Dieu, c'est une raison d'épargner, et de ménager la faiblesse de ses créatures. Seigneur, dit le sage, vous êtes miséricordieux, parce que vous êtes tout-puissant, et c'est votre puissance qui vous engage à dissimuler nos faiblesses. Or, quelle plus grande patience, et quelle plus grande bonté, que de tenir son ennemi entre ses amis, d'être en pouvoir de le punir sans peine, sans risque, sans injustice et cependant de l'épargner, lors même qu'il insulte et qu'il est furieux ?

Saül conçut que David l'aimait véritablement, lorsqu'il sut que ce saint homme qu'il poursuivait sans relâche pour le faire périr, avait été en pouvoir de se venger en lui donnant la mort à lui-même, et qu'il l'avait épargné. Ce prince en fut attendri, il répandit des larmes. Il appela David, son fils ; il le bénit, et lui dit avec étonnement : Je vois bien que vous m'aimez, et que ma vie est précieuse devant vous, puisque vous m'avez épargné, lorsque vous aviez une si belle occasion de m'ôter la vie. En effet, qui est-ce qui tiendra son ennemi entre ses mains, et qui le laissera aller sans se venger de lui ? Ne pouvons-nous pas en dire de même de celui que David figurait, et qui lui est mille fois préférable en miséricorde ? Comment se peut-il faire, ô mon Sauveur !

que vous soyez assez patient pour me souffrir, et pour m'épargner si longtemps ? Hélas ! je suis entre vos mains, et il n'a tenu qu'à vous mille fois de me perdre. C'est là, Seigneur, ce qui me fait connaître combien je dois me confier en vos miséricordes. Si vous avez été si bon pour moi, tandis que je vous irritais par mes crimes ; quelle sera votre tendresse, maintenant que je recours à vous, et que je tâche de vous apaiser par mes larmes ?

Quand je songe en effet d'un côté à la stupidité de l'homme, qui ose insulter à son Dieu, et de l'autre à la patience de Dieu, qui dissimule les insultes de l'homme, il me semble voir un petit enfant entre les bras de sa mère. Cet enfant privé de raison, est quelquefois de mauvaise humeur ; il s'impatiente, il s'irrite, il crie, il frappe de ses petites mains le sein de sa mère qui le porte, il s'efforce de satisfaire sa faible colère. Quelle vengeance cette mère tirera-t-elle de la témérité de cet enfant ? Elle le presse plus tendrement sur son cœur, elle redouble ses caresses, elle le flatte, elle lui présente sa mamelle et son lait pour l'apaiser. Voilà toute sa vengeance. Si cet enfant avait de la connaissance, que devrait-il penser en voyant tant de douceur ? Donnons-lui pour un moment l'usage de la raison que la nature lui refuse. Que pensera-t-il, que jugera-t-il lorsqu'il sera revenu de sa colère ? Il est vrai qu'il sera étonné de la témérité qu'il a eue de s'irriter contre celle qui le tient entre ses bras, et qui n'a qu'à les ouvrir pour l'écraser contre terre. Mais en même temps craindra-t-il que cette bonne mère ne refuse de lui pardonner ses petites fureurs ? Ne verra-t-il pas au contraire qu'elles sont déjà, pour ainsi dire, pardonnées, puisqu'elle le caresse si tendrement, pouvant si aisément se venger ?

C'est ainsi que Dieu nous tient entre ses bras ; et c'est ainsi qu'il nous traite. C'est ainsi qu'il nous caresse, pour ainsi dire, au milieu même de nos plus étranges fureurs. Afin que nous n'en doutions pas, c'est lui-même qui a dicté cette comparaison à son prophète : Il est, dit-il, comme une nourrice, qui caresse dans son sein l'enfant qu'elle porte. Et ailleurs, il dit lui-même : Ecoutez mes chers enfants, que je tiens dans mon sein ; c'est ainsi que je peux vous porter, et cela jusqu'à la vieillesse. Et encore : Quand une mère manquerait de tendresse pour ses petits enfants, je n'en manquerai jamais pour vous. Apprenons donc à répondre par nos retours à tant de bonté. Que la tendresse de notre confiance réponde à la tendresse de son amour. Tout pécheurs que nous sommes, adressons-nous à lui avec une vive espérance en sa bonté

; puisque non seulement il attend, il menace, il caresse le pécheur ; mais qu'il le reçoit avec miséricorde, lorsque ce pécheur revient à lui. Quatrième caractère de la bonté de notre Dieu pour les pécheurs : caractère si propre à rassurer de nouveau ceux que la crainte de sa colère jette dans l'abattement.

Quatrièmement, Dieu reçoit le pécheur avec bonté, dès le moment qu'il revient à lui.

❦

Comment est-ce en effet que Dieu ne recevrait pas les pécheurs dans leur pénitence, lui qui les a comblés de tant de biens dans leur endurcissement : Vos péchés sont nombreux, il est vrai, ils sont énormes, vous y avez croupi trop longtemps : mais quoi, vos péchés sont-ils plus odieux à votre Dieu, maintenant que vous les détestez, que vous en gémissez, que vous craigniez sa colère, qu'ils ne l'étaient lorsque vous les aimiez plus que lui, et que vous insultiez à sa miséricorde ? Alors il en connaissait toute la malice et toute l'énormité, et cependant il vous souffrait si patiemment : sera-t-il plus inexorable aujourd'hui, que vous condamnez vous-même, de tout votre cœur, vos criminels attachements ? Alors vous l'offensiez de propos délibéré, avec réflexion, avec malice ; et il vous aimait, il vous cherchait, il vous appelait, il vous comblait de biens, même à votre insu, même en prévoyant l'abus que vous feriez de ses grâces. Alors, encore une fois, il vous aimait, et son amour même était grand. Si la preuve de l'amour, sont les bienfaits, la preuve d'un grand amour, sont les grands bienfaits. A en juger donc par les bienfaits, il vous aimait fortement, tendrement, constamment. Comment se pourrait-il faire qu'il eût aujourd'hui cessé de vous aimer ; aujourd'hui que vous êtes soumis et pénitents, que vous tremblez à la vue de ses jugements, et que vous êtes humiliés sous le poids de vos crimes ? Serait-il possible qu'il eût pris contre vous des pensées de colère, de châtiment et de réprobation ? Cela se peut-il seulement penser ? Ne serait-ce pas là faire de votre Dieu, un Dieu bizarre et injuste, qui aime les impies, et qui rebute les pénitents ?

Non sans nul doute, il ne les rebute pas ; et si nous creusons dans ses desseins, nous trouverons que la raison qui l'engage à attendre le pécheur, l'engage également à le recevoir. Pourquoi l'attend-il avec patience ? Saint Pierre nous l'apprend, lorsqu'il dit, qu'il use de patience à cause de nous, ne voulant point qu'aucun ne périsse, mais que tous aient recours à la pénitence. Non, il ne veut pas que le pécheur périsse, il voudrait même qu'il ne pérît pas. Il voudrait que tous eussent des sentiments de conversion et de salut : il le désire, il le veut, il est affligé quand on ne répond pas à ses désirs ; il attend, comme s'il voulait voir si on ne se laissera pas toucher à la fin. Quelle plus grande joie pour celui qui désire ainsi notre salut, que de voir ses désirs accomplis, et ses soins efficaces par le retour de ceux dont il veut procurer la conversion !

Ce n'est donc pas le caractère de notre Dieu, de rebuter le pécheur dans son retour, après l'avoir épargné dans son égarement. Il me semble l'entendre dire avec bonté à chacun de nous, ce que disait autrefois Joseph à ses frères, pour les rassurer dans la consternation où ils étaient au moment qu'ils le reconnurent en Egypte. C'est moi, leur dit-il, c'est moi qui suis Joseph ; qui suis votre frère, approchez, ne craignez rien. Ces frères autrefois si cruels, qui avaient conjuré sa perte, et qui, le vendant à des étrangers, l'avaient livré à tous les maux que l'esclavage entraîne après soi ; ces frères, dis-je, surpris de le voir si puissant, et le maître de tout l'empire de Pharaon, s'effraient au souvenir des traitements qu'ils lui avaient faits. Il se vengera sur nous, disaient-ils en eux-mêmes, de tout ce que nous avons fait contre lui. Belle image de l'effroi du pécheur à l'heure de la mort, lorsqu'il considère la majesté et la puissance de Dieu, qu'il avait oublié pendant le cours d'une vie criminelle.

Cependant Joseph a des sentiments bien plus nobles que ceux que ses frères craignaient de trouver en lui. Il pénètre leur trouble ; et avant qu'ils osent lui parler, il les prévient. Ils ne lui ont pas encore demandé pardon, et déjà il leur a pardonné. Il parle le premier pour leur dire ces paroles consolantes : Ne craignez rien. J'ai oublié tout le passé, oubliez-le de même, et rassurez-vous. Approchez de moi, que je vous embrasse ; je ne me vengerai de vous que par mes caresses. Cessez donc de craindre désormais, votre crainte serait injurieuse à mon amitié. Je suis votre frère, et je le serai toujours par la tendresse, de même que je le suis par la nature.

De toute les figures de Jésus-Christ dans l'Ancien Testament, je n'en trouve point de plus sensible que celle de Joseph. Il lui a été semblable dans la persécution que ses frères excitèrent contre lui, dans la trahison avec laquelle ils le vendirent dans son esclavage, dans sa prison. Il l'a été encore plus dans sa gloire et dans le salut de l'Egypte. Mais à mon gré, la ressemblance qui est la plus marquée, c'est celle que je trouve dans sa tendresse pour des frères qui la méritaient si peu. C'est ainsi, divin Sauveur, que vous nous traitez ; et si nous sommes aussi coupable envers vous que les frères de Joseph l'étaient envers lui, vous n'êtes pas moins miséricordieux que ce patriarche, puisqu'il l'était particulièrement pour être votre figure. Comment ne me rassuré-je donc point dans mes terreurs, lorsque vous me dites encore plus tendrement que lui : C'est moi qui suis le miséricordieux Joseph, ne craignez rien. Eh ! Comment ne pas craindre ? C'est que je suis votre frère, et je serais un frère dénaturé, si je cherchais à me venger. Si vous n'étiez pas pénitent, je serais votre juge ; mais puisque vous revenez à moi, je n'aurai pour vous d'autre qualité que celle de frère, ni d'autres sentiments que ceux de l'amitié et de la tendresse.

Suite du même sujet, comment Dieu reçoit les pécheurs. Parabole de l'Enfant prodigue. Image de notre misère dans celle de ce libertin.

※

Telle est la tendresse avec laquelle notre Dieu reçoit le pécheur. C'est ainsi qu'il le rassure dans sa crainte ; et afin de ne rien omettre pour nous inspirer les sentiments de confiance dont il connaissait la nécessité ; il nous l'a marquée encore plus clairement dans la parabole de l'enfant prodigue. Quel est ce père, dit Tertullien, ce père si miséricordieux et si facile à pardonner, qui reçoit son fils avec tant de bonté ? C'est sans doute notre Dieu qui est plus notre père que tous les pères de la terre, qui est plus miséricordieux que tous les miséricordieux de la terre. Mais avant que de reconnaître dans ce symbole les miséricordes de notre Dieu, commençons par reconnaître nos propres égarements figurés par ceux de cet enfant libertin.

D'abord je vois que des enfants de ce bon père, c'est le plus jeune qui s'élève contre lui. C'est le sort de la jeunesse de ne pouvoir souffrir la contrainte, de vouloir se conduire elle-même, et de n'écouter les conseils de personne, d'être inconsidérée et téméraire, et de suivre aveuglément ses passions. Cet aveuglement et cette témérité nous est commune avec lui, nous qui sommes dans cette vie, comme des enfants indociles qui se révoltent contre la contrainte, qui s'irritent contre ceux qui veulent les conduire, et qui s'exposent sans crainte à mille périls qu'ils ne connaissent pas.

Cet enfant demande à son père la portion de son héritage. Il n'était pas encore temps pour lui d'en jouir. Il devait la mériter par ses services auprès de son père ; et en attendant se contenter des petites libéralités qu'un bon père fait à ses enfants, tandis qu'il leur ménage le fond de ses biens pour le grossir, et pour les enrichir un jour. Mais cet enfant ne peut attendre un bonheur solide qu'on lui prépare. Il aime mieux avoir actuellement une portion de cet héritage, que de conserver le droit assuré d'en partager un jour toutes les richesses. Nouveau symbole de l'indigne choix que nous faisons, en préférant la jouissance actuelle des misérables félicités de la terre, à tout le bonheur de cet héritage abondant, que Dieu notre père nous destine. Ces félicités passagères et terrestres n'en sont que comme des portions, et de petites portions. Cependant c'est pour ces portions légères, que nous abandonnons le droit que nous avons sur les richesses éternelles de l'héritage céleste.

Le père donne donc à son fils ce que ce fils lui demande. Indigné du procédé de ce fils téméraire, il aurait pu aussitôt le chasser de sa maison. Mais il ne peut s'y résoudre ; et si je lis bien dans son cœur, je vois qu'il désirerait que ce fils, au moins ne le quittât pas. Ce fils ingrat trouve la présence de son père trop importune et trop gênante. Il le fuit ; et pour se dérober à ses avertissements, il va dans un pays fort éloigné. Mais que lui avait donc fait ce père pour le fuir ainsi, et pour mépriser sa tendresse ? Hélas ! rien du tout. Ce ne sont ni les reproches, ni les châtiments qui ont révolté ce fils dénaturé. Il semble que ce père trop bon ne pouvait se résoudre à lui en faire, puisqu'il lui accorde sans délai tout ce qu'il lui demande. Et nous, quand nous nous livrons à ces plaisirs criminels que nous voulons goûter sur la terre, nous fuyons notre Dieu et nous nous éloignons de lui, est-ce pour avoir reçu de lui quelques mauvais traitements ? Quelle ingratitude ! Fuir celui qui nous comble de biens, et qui ne nous les reproche jamais.

Dans cet éloignement funeste, que fera ce fils si imprudent ? Bientôt il aura tout perdu, tout dissipé. Pour nous, quand nous nous précipitons dans l'abîme du péché, que deviennent tous ces plaisirs que nous croyons goûter ? Combien durent-ils ? un moment. Funeste moment ! qui est suivi de regrets, et de dégoûts, d'amertumes, de chagrins, d'infirmités. Mais que devient cette portion de grâces et de biens spirituels, dont notre père nous avait enrichis ? Tout est dissipé. A peine nous reste-t-il le remords salutaire d'une conscience troublée, qui se reproche à elle-même tous ses désordres ; et qui semble ne nous rester de tous les biens que nous avons perdus, que pour être la vengeresse de leur dissipation.

Voilà quelle est la honte de nos égarements, si semblables à ceux de l'enfant prodigue. Mais notre retour n'est pas moins semblable au sien, et il est important d'y réfléchir, pour mieux connaître la miséricorde du père céleste qui nous reçoit. Premièrement, ce n'est qu'après de longs délais, peut-être après plusieurs années, que nous revenons à Dieu, comme des voyageurs qui, après de longues courses reviennent enfin dans leur patrie, qui croyait les avoir perdus pour toujours. C'est là ce que fait l'enfant de l'Évangile. Ce n'est qu'après avoir vu couler successivement des années d'abondance et de sécheresse, qu'il rentre en lui-même. Encore, pourquoi rentre-t-il en lui-même ? Hélas ! C'est la nécessité qui l'y contraint. Il meurt de faim, il en est dévoré, il ne sait plus quelle ressource trouver. Et nous, avouons-le, quand nous revenons à Dieu, est-ce bien de notre plein gré ? N'est-ce pas le dépit d'être méprisé du monde, l'infidélité des amis, la perte des biens, de la réputation, ou des protecteurs, les douleurs d'une infirmité qui nous consume peu à peu, n'est-ce pas quelqu'une de ces causes, qui nous force de recourir à lui, lorsque tout nous manque, et que tout nous abandonne ?

Ce fils prend enfin une résolution courageuse. Je me lèverai dit-il, et j'irai à mon père. Sa résolution est suivie de l'effet. Il sort, il se met en chemin, le voilà près de la maison paternelle. Mais quoi ? Osera-t-il paraître devant son père, devant son frère, devant les domestiques de la maison, dans le triste équipage auquel il est réduit ? Je me le représente semblable à un de ces mendiants que la faim a défigurés et que la pauvreté a dépouillés qui n'a plus que des haillons qui le couvrent à demi, et qui s'en vont par lambeaux, qui vit à peine de quelques aumônes qu'il arrache des passants par importunité. N'était-ce pas augmenter le courroux de son père, que de se présenter à lui dans cet état ? N'était-ce pas même s'exposer à en être méconnu ? Hélas ! Nous le savons, lorsque notre âme revient à Dieu par les commencements de la pénitence, elle doit être bien plus horrible à ses yeux ; et les souillures du péché sont mille fois plus affreuses que les horreurs de la pauvreté.

Cependant, le prodigue n'aura-t-il rien à présenter à son père pour l'apaiser ? De tous les biens qu'il avait reçus de lui, n'aura-t-il rien ménagé pour le remettre entre ses mains ? Au moins, ne trouvera-t-il pas quelque excuse pour justifier sa conduite, et la rendre moins odieuse ? N'y a-t-il pas quelque motif d'intérêt par où il puisse engager son père à le recevoir ? N'a-t-il pas encore à son héritage quelque droit qu'il puisse lui sacrifier pour apaiser son courroux ? Point du tout, il en convient lui-même. Il n'est plus digne d'être compté au nombre des enfants, il serait trop heureux d'être reçu dans la maison paternelle au rang des valets qui gagnent leur vie à la sueur de leur front. Pour des excuses, il n'en a point, il n'en cherche point, il n'en invente point. Il se prépare à dire tout naïvement, qu'il est le plus coupable de tous les hommes ; que le ciel même doit s'intéresser à sa punition. Il n'a uniquement que des larmes à offrir à son père. Telle est la pauvreté et la misère où le péché nous a réduits. Nous n'avons ni mérite, ni excuse, ni richesses à présenter ; tout se réduit à des larmes, et c'est là notre unique ressource. Mais cette ressource paraît bien peu de chose ; et voilà ce qui nous effraye. Comment, disons-nous, quelques larmes pourront-elles effacer tant de crimes ? Comment notre Père céleste s'en contentera-t-il ? Comment nous recevra-t-il ? Comment nous pardonnera-t-il ?

Faisons taire nos défiances, elles sont injurieuses à Dieu. Si nous connaissons la pauvreté et la malice de notre cœur, apprenons à connaître la bonté du sien. Si nous n'avons que des larmes à lui offrir, il ne demande autre chose, et déjà il les a prévenues pour venir à nous. Etudions pour le reconnaître toutes les démarches de ce bon père de l'Évangile, que l'on sait être sa figure.

Continuation de la même parabole. Image de la bonté de Dieu dans celle de ce père de famille qui reçoit son fils.

❦

Le prodigue était encore loin de la maison, lorsque son père l'aperçut. J'admire la vigilance de ce père, que je me représente tout inquiet de l'absence de son fils. Il va souvent de tous côtés, pour voir s'il ne l'apercevra point. Il le voit enfin, et il le voit même de loin. L'amour conduit ses yeux, et lui fait reconnaître celui après qui il soupire. Sans cela, comment eût-il reconnu de si loin un fils si défiguré, que tout autre eût méconnu de près ? Il le voit donc, et son cœur est ému. Et de quoi est-il ému ? N'est-ce pas d'indignation et de colère ? Ces sentiments seraient justes, mais ce ne sont pas là les siens. S'il est ému, ce n'est point de colère, ce n'est pas même d'une pitié telle que nous la pourrions concevoir pour un misérable qui ne nous intéresserait point. C'est d'une miséricorde et d'une tendresse telle qu'une mère la ressent pour l'enfant qu'elle a porté dans son sein. La preuve que j'en ai, c'est que ce bon père court aussitôt vers son fils pour le prévenir.

Mais à quoi songe ce père ? La gravité de père, la pesanteur de son âge, ne devrait-elle pas le retenir ? D'ailleurs, sait-il si son fils est pénitent, s'il ne vient pas au contraire pour l'insulter ? Que si ce bon père veut n'écouter que sa tendresse, n'en fait-il pas assez en faisant quelques pas vers ce fils libertin ? Qu'est-il nécessaire qu'il y coure ? Ne devrait-il pas même craindre de se commettre, et d'avilir sa dignité de père en s'abaissant, jusqu'à prévenir celui à qui il fera assez de grâces en le recevant ? D'ailleurs, ne serait-il pas plus à propos qu'il dissimulât sa joie, pour faire mieux sentir à ce prodigue toute l'énormité de sa faute, et pour lui faire acheter le pardon qu'il vient demander ? Pauvres réflexions de la prudence humaine, que la vraie tendresse n'écoute point ! Celle de ce père est au-dessus de tout. Elle le transporte, il n'en est plus le maître, il ne l'est pas de lui-même. Il est hors de lui, il court à son fils. L'amour guide ses pieds chancelants, et affermit ses pas. Il se jette au cou de son fils pour l'embrasser. Il a oublié que ce fils est criminel, et il l'a oublié pour se souvenir seulement qu'il est son fils. Il le baise, il le caresse ; il le presse sur sa poitrine, il pleure sur lui sans presque lui laisser le loisir de parler, de s'accuser, de demander pardon. Il lui donne tout son amitié, et il répand sur lui plus de larmes de joie, que la contrition n'en fait répandre à ce fils pénitent.

Cependant, n'eût-il pas été à propos qu'il lui eût fait quelques doux reproches de son ingratitude ? De tels reproches, à mon sens, ne sont pas incompatibles avec la tendresse. Il est vrai qu'il pouvait lui en faire, mais il y a encore plus de miséricorde d'en épargner la honte à celui qui a déjà assez de confusion. Jésus-Christ, qui voulait animer notre confiance par cette parole, craignait sans doute que ces reproches toujours humiliants n'intimidassent encore notre faiblesse, capable de s'effrayer des peines les plus légères. Au lieu donc de s'arrêter à faire à son fils de justes reproches, ce bon père le comble de bien, il s'empresse même de le faire sur-le-champ, sans attendre qu'il eût éprouvé par quelques délais la persévérance de ce fils. Il met aussitôt tous les domestiques de la maison en mouvement, pour chercher des habits nouveaux, pour trouver une robe digne de sa naissance, pour lui apporter un anneau précieux. Il fait préparer un festin magnifique, il appelle des musiciens, les amis et les parents sont invités de venir partager la joie de cet aimable père ; il impose silence à son fils aîné, qui, jaloux de tant de caresses, voulait rappeler le souvenir des crimes de son cadet ; il veut qu'on les oublie comme il les oublie lui-même. Mon fils, dit-il, était mort, et il est ressuscité ; il était perdu, et il est retrouvé. Il ne dit pas ; mon fils était pécheur, et il s'est converti ; mon fils était désobéissant, et il s'est soumis. Non, il a oublié ses désobéissances, ses crimes et ses débauches. Il semble que ce ne soit qu'un malheur innocent qui l'ait éloigné de lui : Ce fils, dit-il, était perdu, et le voilà retrouvé.

Il est inutile de faire l'application de cette parabole, on la sent assez. Mais si on en sent l'application, peut-on ne pas sentir toute la confiance qu'elle doit nous inspirer ? En effet, que nos crimes soient énormes, le seraient-ils plus que ceux de ce fils libertin et dénaturé ? Notre pénitence a été tardive ; la sienne ne l'était-elle pas aussi ? C'est peut-être uniquement la nécessité, l'affliction et le chagrin qui a été l'occasion ou la cause de notre conversion ; la sienne a-t-elle eu un principe plus noble ou plus désintéressé ? Nous n'apportons en revenant à Dieu aucun mérite ; en avait-il plus que nous pour se présenter à son père ? L'unique qu'il avait, c'était sa qualité de fils, sa confiance et sa douleur. Ne sommes-nous pas comme lui les enfants de Dieu ? Déjà nous ressentons une vive douleur de l'avoir irrité ; ajoutons encore la confiance en sa miséricorde. Allons à lui hardiment, et nous en serons reçus avec autant de bonté, que ce libertin le fut de son aimable père. C'est ainsi que Dieu reçoit tous les pécheurs pénitents. C'est ainsi qu'il pardonne aux pécheurs, et c'est ce pardon qui fait le dernier caractère de sa miséricorde envers nous, de laquelle je dois parler encore. Sans doute que ce cinquième caractère est déjà assez prouvé par ce que je viens de dire, puisque recevoir le pécheur avec bonté et lui pardonner, c'est la même chose. Mais il est juste de faire, en peu de mots, sur ce pardon, quelques nouvelles réflexions trop consolantes pour être omises.

Cinquième caractère de la bonté de Dieu pour les pécheurs : en les recevant il leur pardonne aisément.

S i nous ajoutons à la parabole que nous venons d'expliquer, les exemples des pécheurs à qui Dieu a pardonné, et dont l'Ecriture sainte nous rapporte les histoires, il me semble qu'il ne doit plus nous rester aucune défiance ; et que quelque coupables que nous soyons, nous pourrons dire avec saint Bernard, qu'il n'y a point de plaies si profondes et si mortelles, qui ne soient guéries par la miséricorde de Dieu, et par le sang de Jésus-Christ.

Qui fut au monde plus coupable qu'un Manassès, roi de Juda ? Ses abominations et ses crimes sont effroyables : sorcelleries, magie, idolâtrie, impudicité, cruauté, injustice. On concevra peut-être cette idée de l'impiété de ce roi, quand on saura que non content d'avoir aboli le culte de Dieu dans tout son royaume, pour lui substituer celui des plus infâmes idoles ; que non content d'avoir égorgé les prophètes du Seigneur ; lui-même il sacrifia ses propres enfants au démon, et qu'il les immola par le feu, selon la barbare coutume des idolâtres de ce temps-là. Ce prince abandonné de Dieu devient captif ; on le charge de chaînes, on le précipite au fond d'un cachot, et c'est dans sa misère qu'il commence à revenir à Dieu. Il élève sa voix pour gémir, et lui demander miséricorde ; et ce Dieu de bonté l'écoute, il l'exauce, il lui rend même son trône et sa puissance, dont ses crimes l'avaient dépouillé.

Qui fut plus scélérat qu'un Achab, autre roi de Juda, autre modèle de toutes sortes d'abominations ? Le culte de Baal, la persécution d'Elie, le massacre des prophètes, le sang de Naboth, les fureurs de Jésabel, sa femme, le font assez connaître. Ce prince s'humilie un jour à la voix d'un prophète qui le menace ; il est triste et affligé, il se revêt d'un cilice, il marche avec un air contrit. Fragile conversion, qui ne dura guère ! Cependant elle fut assez agréable à Dieu, pour obtenir un délai des châtiments dont il l'avait menacé.

Quels crimes plus criants que ceux de David, double adultère, et un adultère rendu plus criminel par la trahison et par le massacre d'un innocent. Jusque-là, c'était un prophète et un saint ; mais plus il avait été saint et favorisé de Dieu, plus son crime était énorme. Quelle ingratitude dans un homme si favorisé ? Mais quel scandale de voir un saint devenir si criminel ? Quel scandale, quand on le voit ajouter l'endurcissement à son crime ? En effet, ce prince fut au moins près d'un an sans se reconnaître et sans faire pénitence : déjà le fruit criminel de son adultère était né, lorsque le prophète vient lui parler de la part de Dieu. Il lui faut donc un prophète, et une mission extraordinaire pour le rappeler à son devoir. Ce prophète parle, et le prince qui l'écoute, rentre en lui-même et reconnaît son crime. Il ne dit que ce mot, J'ai péché, et aussitôt le prophète ajoute de la part de Dieu : Dieu vous a pardonné ; et cela sans reproches amers. Dieu pardonne avec promptitude à un pécheur qui ne semble revenir qu'avec lenteur.

Telle était la facilité que Dieu apportait, pour pardonner, dans un temps, que saint Cyprien appelle un temps de sévérité et de vengeance. Que ne fera-t-il pas maintenant dans un temps de miséricorde, et dans une loi nommée par excellence une loi de grâce ? Qu'est-ce que Jésus-Christ n'a pas fait pour nous en donner des preuves ? Une femme pécheresse est le scandale de Jérusalem par ses débauches : et le fils de Dieu lui accorde le pardon de ses crimes, aussitôt qu'elle commence à le demander. Zachée est un usurier public ; et aussitôt qu'il a pris la résolution de restituer le bien acquis par ses injustices, dès lors, et avant même l'exécution, ses crimes sont remis, et le salut entre dans sa maison. Une femme adultère est surprise dans son désordre ; et Jésus-Christ la délivrant de la mort, qu'elle méritait suivant la loi, ne lui impose d'autre pénitence que sa propre confusion, et la précaution qu'il lui ordonne pour ne plus pécher. Un insigne voleur, après bien des crimes, est attaché à un gibet, il est prêt d'expirer ; et dans ce dernier moment il recourt au fils de Dieu. Jésus l'écoute, il lui donne entrée dans sa gloire : Dès ce jour, lui dit-il, vous serez avec moi dans le Paradis.

Il est vrai que ce voleur touchait alors, pour ainsi dire, à la croix de Jésus-Christ, cette croix qui a été pour tout le monde une source de salut. Il est vrai qu'étant si près de cette croix salutaire, on doit être moins surpris de voir qu'il éprouve le premier les effets de sa puissance. Mais si nous sommes coupables comme lui, qui nous empêche de nous approcher, comme lui, de ce bois précieux, et de jeter les yeux vers celui qui est mort sur cette croix, pour nous mériter le pardon de nos égarements ? Levons nos yeux vers cette montagne sainte, d'où nous devons attendre le secours. Regardons à loisir : Hélas ! que verrons-nous ? Nous y verrons le spectacle le plus capable d'exciter la confiance avec l'amour dans le cœur de tous les pécheurs. Le sang d'un Dieu qui coule pour leur salut, le cœur d'un Dieu ouvert pour se montrer à nous avec toute sa tendresse. Si vous doutez encore de cette tendresse, dit saint Bernard, voyez son cœur qui se montre à vous tel qu'il est. Il n'a été ouvert que pour se faire connaître à vous, et pour vous rassurer. A travers ses plaies profondes, il vous est aisé d'apercevoir ce cœur, qui n'a de mouvement que pour vous, et qui n'a pour vous que de la tendresse.

C'est donc là, dit encore ce Père, que je veux me retirer, c'est dans ce cœur ouvert pour mon salut que je veux chercher un asile contre la colère de mon Dieu ; c'est en lui que je veux mettre ma confiance, et ma confiance sera solide. Il est vrai que mes crimes sont grands, continue ce Père si humble et si dévot ; ils ne sont que trop grands, ma confiance en est agitée de crainte ; mais non pas jusqu'au trouble et jusqu'à la désolation : parce que les plaies de mon Sauveur la rassurant, de quelles mortelles plaies mon âme peut-elle être blessée, qui soient à l'épreuve de ce remède ? Quelle crainte et quelle désolation ne sera point apaisée par l'efficace de sa vertu ? C'était là les sentiments de saint Bernard. Qui nous empêche de trouver avec lui la même consolation dans les plaies de notre Sauveur ?

Sixièmement, non seulement Dieu pardonne au pécheur pénitent, mais il semble même le favoriser plus que le juste.

※

Dieu pardonne donc aux pécheurs pénitents toute l'énormité de leurs crimes. On dirait presque qu'il les favorise plus que les justes. Il y a, disait Jésus-Christ, il y a plus de joie dans le Ciel pour un pécheur qui se convertit que pour quatre-vingt-dix-neuf justes qui persévèrent. Il semble aussi qu'il les récompense plus libéralement ; et nous voyons de saints pénitents plus glorifiés sur la terre par les prodiges que Dieu accorde à leur invocation, que d'autres dont la vie innocente semblerait mériter une plus grande distinction. C'est que la mesure de la préférence et du rang que les Saints tiennent auprès de Dieu, vient de la ferveur de l'amour. Que si par l'amour le pénitent l'emporte sur le juste, il n'est pas étonnant qu'il le surpasse dans la gloire, qui n'est autre chose que la récompense de l'amour. Une histoire édifiante, que je vais rapporter en peu de mots, peut servir à confirmer tout ce que je viens de dire.

Thaïs, connue dans l'Histoire Ecclésiastique par la ferveur de sa pénitence, ne l'est pas moins par les désordres de son impudicité. Jamais fille ne porta plus loin l'effronterie et le désordre. Le saint vieillard Paphnuce, inspiré de Dieu pour travailler à sa conversion, sortit du désert pour aller chercher cette brebis égarée, et la ramener au bercail. Je ne dirai rien de la sainte industrie plus admirable qu'imitable, dont il se servit pour la gagner à Dieu. Il me suffit de dire que l'ayant heureusement engagée à quitter non seulement le péché, mais toutes les occasions de son péché, il la conduisit dans le désert, et l'enferma seule dans une cellule dont il fit murer la porte, ne laissant qu'une petite ouverture pour lui fournir un peu d'eau et de pain pour toute nourriture. Cette sainte pécheresse vivement touchée de l'horreur de ses crimes, se soumit volontiers à une pénitence si rude, pour une jeune personne accoutumée au plaisir, à la délicatesse, et aux compagnies. Elle vécut longtemps dans cette solitude, occupée uniquement du soin de gémir sur ses crimes passés, et d'implorer la miséricorde de Dieu. Encore même n'osait-elle dans sa prière prononcer le nom de Dieu dont elle invoquait le secours, et craignant de le souiller si sa bouche trop impure le prononçait ; elle disait seulement : Vous qui m'avez formée, ayez pitié de moi. Trois années s'écoulèrent sans qu'elle relâchât rien, ni de son austérité ni de ses larmes. Et Dieu, à qui elles étaient agréables, voulut le faire connaître à un saint homme, nommé Paul, disciple de saint Antoine, à qui sa simplicité fit donner le beau nom de Paul le simple, qualité aussi précieuse aux yeux de Dieu qu'elle paraît méprisable aux yeux du monde. Ce saint homme étant en prières, vit en esprit un trône qu'on préparait dans les cieux. Toute la cour céleste paraissait empressée à l'orner. Aussi l'éclat et la magnificence de ce trône surpassait-elle tout ce qu'on peut imaginer, et les anges du ciel semblaient être dans l'impatience de recevoir l'heureux mortel à qui on destinait une si belle place. Pour qui donc est ce trône ? disait le saint homme en lui-même. Ne serait-ce pas pour mon père Antoine ? Car quel autre peut mériter une si grande gloire de Dieu, que celui qui a fait sur la terre de si grandes choses pour la gloire de Dieu ? Il s'occupait de cette pensée lorsqu'un ange s'approchant, lui dit, pour le tirer d'inquiétude : ce trône éclatant est destiné à Thaïs la pécheresse ; elle l'a acquis par sa pénitence et par ses larmes.

Suite de la même matière. Etre trop effrayé de ses péchés, est quelquefois un raffinement de l'amour-propre.

※

Je crois en avoir assez dit pour rassurer les âmes timides, qui, effrayées à la vue de leurs péchés, s'abandonnent au découragement. Mais avant que de passer à une autre réflexion, je dois avertir ces âmes inquiètes et timorées, d'un piège subtil que le démon leur tend, et qui n'est pas aisé à apercevoir, parce qu'il est caché sous les dehors trompeurs d'une contrition salutaire. Souvent ces craintes, ces découragements, et ces désolations sont moins l'effet des saintes tristesses de la pénitence, que d'un orgueil secret, qui ne peut supporter la vue de ses propres imperfections. On s'attriste, on s'afflige, on est agité, et cela sans mesure. Et de quoi ? Est-ce de ce que Dieu est offensé ? Non, mais de ce qu'on n'est pas assez parfait, ou plutôt de ce qu'on ne voit pas en soi assez de perfection. L'orgueil qui aime à se complaire en soi-même, ne peut soutenir la vue de tant de faiblesse. Celui qui conserve encore quelques restes de ce vice dont nous sommes pétris, si j'ose parler ainsi, non seulement voudrait être parfait, mais il voudrait jouir de la consolation de savoir qu'il l'est, de voir qu'il a de la vertu, qu'il est agréable à Dieu. Avec ce désir secret, comment soutenir la vue de ses chutes journalières, et le souvenir de ses anciens dérèglements ?

Aussi dans cet état, le cœur profondément orgueilleux est-il aisément troublé par cette vue, et par le souvenir de ses imperfections. Il s'en afflige, mais d'une affliction d'abattement, qui le dégoûte, qui le ronge, qui le décourage, qui ne lui donne point de paix. Tandis qu'il croit être pénétré d'une vive contrition, quelquefois il n'est troublé que par son amour-propre, et par un sentiment intérieur que j'ose appeler une ambition spirituelle, ambition qui se trouve encore quelquefois dans un cœur dont toute autre ambition est bannie. L'esprit de Dieu n'est ni dans le découragement, ni dans le trouble. Il n'y a que le tentateur qui trouve son avantage dans l'un et dans l'autre. L'affliction et la douleur qui vient de l'Esprit-Saint, a quelque chose de plus courageux, de plus consolant et de plus paisible. Celui qui en est animé regarde, il est vrai, ses propres fautes avec humiliation ; mais s'il est confus, il n'est point découragé, il n'est pas plus troublé que l'est un jardinier, lorsqu'il voit croître dans son parterre des herbes infructueuses. Il travaille promptement à les déraciner ; il ne s'en rebute point. Le véritable pénitent ne se rebute pas plus que lui ; ses fautes mêmes semblent le fortifier dans sa ferveur, et animer sa confiance en augmentant son humilité. S'il s'afflige du péché, il accepte de bon cœur l'humiliation qu'il en reçoit. Que les âmes scrupuleuses et timorées fassent attention à cette vérité. Qu'elles évitent avec soin cet écueil que je viens de leur découvrir. Il est nécessaire maintenant de les garantir d'un autre, qui peut-être ne cause pas moins de naufrages, et dont je parlerai un peu plus au long, parce que la matière le mérite.

Dernière objection des âmes défiantes : Le petit nombre des élus. Réflexion générale sur cette vérité.

❦

Quelque confiance que l'on ait en la miséricorde de Dieu ; quoiqu'on sache qu'elle est plus abondante que nos crimes ne sont énormes, il reste cependant aux âmes justes un dernier sujet de frayeur, dont l'effet est aussi funeste que les précédentes et sur lesquels il n'est peut-être pas si aisé de les calmer. C'est ce que la foi nous apprend du petit nombre des élus. Après tout, dit-on quelquefois, je sais que le nombre des élus est petit : comment oserais-je donc me flatter d'être de ce nombre ? A voir tous les désordres de ma vie passée, et toutes mes infidélités journalières, n'ai-je pas bien plus sujet de croire que je serai du nombre de cette multitude de pécheurs que Dieu réprouve dans sa colère ? Voilà la tentation. Il est aisé de concevoir dans quel abattement une telle pensée est capable de jeter ceux qui s'y livrent.

Cette tentation n'est pas nouvelle ; dès le temps des Apôtres, il s'est trouvé des esprits qui en étaient troublés ; et c'était pour les rassurer, que saint Pierre faisait entendre aux fidèles, dans une de ses épîtres, qu'au lieu d'être découragés par la crainte de n'être pas prédestinés, c'était à chacun d'eux à assurer sa prédestination par ses bonnes œuvres. Les saints Pères et les maîtres de la vie spirituelle ont pris le même soin, à l'exemple de l'Apôtre, et ils ont tiré des vérités de la foi mille sages réflexions propres à opposer à cette tentation, et à encourager ceux qu'elle pourrait inquiéter. C'est ce qu'on trouvera partout dans la plupart des livres de piété, et que je répéterais assez inutilement. Je me borne ici à une seule réflexion qui me paraît la plus efficace pour rassurer les âmes pieuses ; et qui non seulement ôte à la tentation ce qu'elle a d'effrayant sur ce sujet, mais qui apprend même à en tirer un motif de consolation.

Il est vrai que le nombre des élus est très petit ; mais voulez-vous n'être pas découragé par cette vérité ? Réfléchissez sur tous les motifs que vous avez pour croire que vous êtes de ce nombre heureux, et alors tout votre effroi se changera en consolation. En effet, qu'avez-vous à craindre de la rareté du nombre des élus, si vous avez de grands sujets de croire que vous y êtes compté, que Dieu vous chérit de cet amour particulier qui sert à procurer le salut des saints, par l'heureux enchaînement de ces grâces singulières, qui les soutiennent dans les divers états de la vie ? Assurément celui qui reconnaîtra cette attention miséricordieuse de Dieu sur lui, bien loin d'être troublé par la vérité dont je parle, doit y trouver au contraire le motif le plus puissant de la plus vive consolation. Or, c'est là ce que je puis inspirer à chacune de ces âmes, que le démon s'efforce de porter au désespoir et au découragement, par la tentation dont je parle. Je le dis hardiment : il n'y en a aucune qui ne trouve dans son cœur, dans les grâces singulières qu'elle a reçues de Dieu, dans les faveurs qu'il lui a faites, dans les sentiments qu'il lui a inspirés, dans la protection qu'elle en a reçue en des occasions périlleuses, dans toutes les autres circonstances de sa vie, des marques assez fortes de cette bonne volonté particulière de Dieu qui, quoique miséricordieux pour tous les hommes, chérit ses élus d'un amour spécial et les conduit à la conversion et à la persévérance par des routes plus assurées.

Je ne parle pas seulement ici de l'assurance commune que nous avons tous, que ce Dieu de bonté nous aime assez pour vouloir nous sauver, et de l'obligation que nous avons de croire qu'il en a un vrai désir, qui est suivi de secours puissants qui nous rendent possibles le salut et la persévérance. Je ne parle pas non plus de l'avantage que nous avons eu de participer plus particulièrement à ces secours par les sacrements, qui nous ont régénérés en lui, réconciliés avec lui, et nourris de son corps précieux ; non plus que des promesses qu'il nous a faites, de ne pas nous abandonner à des tentations qui soient au-dessus de nos forces, et de nous accorder facilement et infailliblement tout ce que nous demanderons au nom de son Fils, sans en excepter la persévérance et le salut. Je pourrais cependant bien m'y arrêter, et je ferais voir aisément que ces grâces quoique communes à plusieurs, sont cependant particulières à chacun de nous, et propres à exciter notre confiance, puisqu'elles nous mettent entre les mains des moyens infaillibles d'assurer notre prédestination, si nous en faisons l'usage auquel il les a prédestinées.

Autre réflexion sur cette vérité. La confiance en Dieu est un moyen d'assurer en quelque façon sa prédestination.

Je ne m'arrêterai pas non plus à un autre moyen qu'il nous a donné à tous, de nous faciliter à chacun en particulier le succès de notre salut. Je ne puis cependant me dispenser d'en dire un mot, puisqu'il est nécessairement de mon sujet. Quel est-il ce moyen ? Je l'ai déjà insinué, et je le répète ici volontiers ; c'est la confiance même de réussir dans l'affaire du salut éternel, qui en donne l'entrée. C'est celle qui est une marque des plus vraisemblables de la prédestination. Nous avons peine à concevoir ce paradoxe, parce que nous jugeons selon nos faibles idées, et selon ce qui se passe parmi nous, où l'espérance, et la confiance même ne rendent pas toujours nos désirs efficaces. Cependant en Dieu, et dans l'affaire du salut, espérer avec confiance, c'est non seulement se faciliter la victoire des obstacles, comme je l'ai dit ailleurs ; mais c'est même s'en assurer en quelque façon la couronne. Pourquoi cela ? C'est que Dieu même l'a Promis ; et sa parole, cette parole éternelle, qui ne peut changer, y est engagée. Sachez, dit-il dans son Ecriture, que nul n'a espéré en moi qui ait été confondu dans son espérance : Et encore ; L'espérance ne confond point ! Et ailleurs, Seigneur, tous ceux qui attendent de vous les biens que vous leur avez promis, ne seront point trompés : Et encore ; Vous sauvez ceux qui espèrent en vous. Le prophète, tout pénétré de cette assurance, s'écriait dans les transports de sa joie : Seigneur, j'ai élevé mon âme et mon cœur vers vous. Vous êtes mon Dieu, j'espère en vous, je ne rougirai point de ma confiance, parce que jamais elle ne sera vaine. Qu'on ne s'étonne point de ce que Dieu a donné tant d'efficace à la confiance. La confiance, comme je l'ai dit, est inséparable de l'amour. Elle est même une sorte d'amour, ou tout au moins la marque du plus tendre, et du plus véhément de tous les amours. Or, on sait qu'à l'amour il n'y a rien d'impossible, et que c'est lui qui ouvre les portes du Ciel.

Comment est-ce en effet que Dieu pourrait résister à cette confiance ? Sa gloire, son amour, son cœur, ne sont-ils pas intéressés à ne pas tromper celui qui se confie pleinement en lui ? Un fils dit à son père : Je me repose tellement sur vous, que je prendrai de votre main l'état, ou la charge, ou l'alliance, ou l'héritage que vous me donnerez. Un domestique dit à son maître : Je ne veux songer à aucune fortune qu'à celle que vous me ferez vous-même ; Je vous servirai fidèlement, et je me repose sur votre bonté des récompenses de mon travail. Un ami associé pour le négoce avec son ami, lui dit avec confiance : Je me repose sur vous-même de la décision des affaires qui sont à régler entre nous ; je compte sur votre droiture et sur votre équité et je ne veux point d'autre arbitre que vous-même. Cet ami, ce maître, ce père, seront-ils insensibles à une confiance si entière, s'ils ont de l'amitié et de la probité ? S'ils sont jaloux de leur réputation et de leur gloire, ne seront-ils pas excités par là à faire plus qu'on aurait pu espérer d'eux ? Pour moi, si j'étais à leur place, je serais attendri d'une pareille confiance, et je me croirais beaucoup plus redevable à celui qui en agirait ainsi, qu'à celui qui, se défiant de mon bon cœur ou de mon exactitude, disputerait avec moi pour faire ses conditions, et qui inquiet à tout moment sur l'objet de ses espérances, voudrait savoir s'il aurait toutes ses sûretés. Je croirais en un mot, mon honneur et ma gloire intéressés à ne pas tromper la confiance généreuse qu'on aurait pris en ma probité.

Est-ce donc que notre Dieu connaît moins les intérêts de sa gloire, et qu'il en est moins jaloux ? S'il en est jaloux, comme il le dit dans son Ecriture, souffrira-t-il que ceux, qui, pleins d'un tendre amour pour lui, se reposent sur sa bonté ; qui, au lieu d'être inquiets sur leur prédestination et leur récompense, disent avec le prophète : Le Seigneur est bon, il prend soin de moi, il ne me laissera manquer de rien, il me placera dans le séjour de l'abondance. Souffrira-t-il, dis-je, que ceux-là soient trompés dans leur sainte confiance, et qu'ils puissent se plaindre un jour, qu'après avoir compté sur ses promesses, elles se sont trouvées vaines ?

C'est donc une espèce d'assurance, heureuse pour nous, de trouver dans notre confiance, de quoi faire réussir l'affaire de notre salut, puisqu'il y va de la gloire de Dieu et de la vérité de sa parole, que nous ne soyons point trompés ? Comment avec un moyen si facile et si efficace, pouvons-nous douter de notre prédestination ? N'est-ce pas une marque que nous sommes du nombre de ceux que Dieu a choisis, qu'il nous ait fait connaître un moyen si aisé et si sûr de procurer notre salut, et qu'il nous l'ait mis entre les mains ? Cependant ce n'est pas encore à cette réflexion que je veux m'arrêter, non plus qu'à la précédente, quoiqu'elles soient toutes deux assez solides pour fixer nos incertitudes. L'homme défiant et inquiet dira que ces avantages sont communs à tous les fidèles, que cependant il y en a encore tant à qui ils sont inutiles, et qui périssent.

> Principale réponse à l'objection précédente. Le petit nombre des élus est une vérité consolante pour ceux qui ont sujet de croire qu'ils sont de ce petit nombre. Quelles en sont les marques ? Première marque, le choix et la vocation.

Que dira en effet celui qui veut s'opiniâtrer dans ses défiances, quand on lui fera remarquer mille sortes de grâces particulières et personnelles que Dieu lui a faites dans tous les temps, et qu'il lui fait encore chaque jour, qu'il ne fait pas à mille autres, et qui paraissent les mêmes que celles qu'il a faites à ses bien-aimés, pour le conduire par les routes de la pénitence et de la persévérance jusqu'à la couronne éternelle ? En effet, qu'est-ce que la prédestination, sinon un choix que Dieu fait de certaines âmes qu'il conduit par des grâces spéciales à une couronne assurée ? Que doit produire cette prédestination ? Des grâces personnelles, des secours particuliers, proportionnés aux différents états de la vie, et disposés selon les circonstances périlleuses où l'homme se trouve, pour l'en délivrer. Disons-le plus clairement et en trois mots. La prédestination doit produire premièrement le choix et la vocation ; secondement, la conversion et la protection, et en troisième lieu, la persévérance. Ceux que Dieu a prédestinés, dit l'Apôtre, il les a appelés, il les a justifiés, il les a couronnés. Or, c'est là ce que les âmes auxquelles je parle pourront sans doute reconnaître en elles, ou plutôt dans la conduite de Dieu sur elles. N'est-ce pas assez pour leur faire espérer d'être de ce nombre heureux, quelque petit qu'il soit ?

Car pour ce qui est de la vocation et du choix, peut-il être plus sensiblement marqué ? Comparez pour le reconnaître, âmes fidèles, comparez votre état avec celui des infidèles, des schismatiques, et des hérétiques qui couvrent la terre. La plus grande partie du monde est habitée par des gens qui vivent sans foi, ou qui n'ont pas la vraie foi. La catholicité n'en occupe peut-être pas la cinquième partie ! Encore parmi ceux qui habitent les pays, où la vraie foi est cultivée, combien de libertins, d'indévots, d'athées et d'impies qui vivent sans foi, dans le centre même de la foi ? Combien d'autres qui, n'ayant de la vraie religion que la croyance, n'en remplissent pas les obligations, faute de cette foi vive qui opère par la charité ? Combien vivent dans une ignorance profonde de ce qu'ils devraient savoir ? Combien d'autres accumulent les injustices, et s'enrichissant par cette voie, mettent à leur salut un obstacle qu'ils ne vaincront jamais ? Combien se rendent coupables de tous ces crimes, dont l'apôtre a prononcé, que ceux qui les commettent n'entreront point dans le royaume des Cieux ? Combien d'autres, sans beaucoup de crimes, vivent dans l'oubli de leur salut et dans l'indifférence pour le Ciel. Otez presque tous ceux-là, s'ils ne font point pénitence, ôtez-les du nombre des prédestinés. Que restera-t-il, sinon un très petit nombre de gens qui ont la foi, la religion, la piété, la justice en recommandation ; qui inquiets sur leur salut, y travaillent sérieusement, ou qui après s'être livrés trop aisément au crime, songent à l'expier par la pénitence ? Or c'est sans doute à ce petit nombre que le ciel est destiné, et c'est aussi à ce petit nombre que Dieu vous a appelés. Il vous a choisis préférablement à mille autres, pour vous mettre de ce nombre chéri. Combien jusqu'à présent de grâces pour vous y faire entrer ? Je ne dis pas des grâces communes et générales, mais de ces grâces de prédilection, de ces faveurs personnelles qu'il n'a pas faites à tous comme à vous ; ce qui montre bien le choix qu'il fait de vous pour le Ciel, et le désir particulier qu'il a de vous sauver, quand par impossible il serait vrai qu'il aurait abandonné tout le reste de l'univers.

Seconde marque de la prédestination, la conversion et la protection particulière.

A ces grâces distinguées de choix et de vocation, dont Dieu vous a prévenus, combien en a-t-il ajouté d'autres aussi particulières pour votre conversion, votre sanctification, votre protection, et votre défense ? Repassez sur toutes les années qui se sont écoulées : vous y verrez l'enchaînement continuel d'une miséricorde personnelle, qui a marqué chacun des moments de votre vie par des grâces singulières préparées exprès pour vous, comme s'il n'y avait eu que vous sur la terre qui attirât l'attention et les soins de votre Dieu. Etait-ce donc pour vous perdre, pour faire de vous la victime de sa colère, pour vous réprouver dans sa fureur, qu'il faisait pour vous ce qu'il n'a pas fait pour des millions de chrétiens, qui valaient peut-être mieux que vous ?

Que je repasse en effet sur les années de ma vie qui se sont écoulées, sur celles de l'enfance, de la jeunesse, ou d'un âge plus mûr, je vois un enchaînement si suivi de miséricordes extraordinaires sur moi, qui ne l'ai nullement mérité, que je ne puis douter que ce Dieu de bonté n'ait dessein de me conduire par la conversion du cœur à la persévérance finale, et de là, à la couronne qu'il destine à ses élus. Après m'avoir préservé dès le sein de ma mère, pour me faire éviter les malheurs d'une naissance infortunée avant que le baptême m'eût sanctifié ; après avoir été mon Dieu comme disait le Prophète, dès le ventre de ma mère, quel soin n'a-t-il pas pris dans mon enfance, de prévenir mon jeune cœur des lumières de sa grâce, pour l'armer contre les périls qui l'entouraient alors ? Si j'ai eu des parents saints, des maîtres craignant Dieu, une éducation pleine de sagesse et de piété, c'était son aimable providence qui m'avait préparé ces secours.

Quand ma raison a commencé à se développer, et que j'ai ouvert les yeux pour connaître le monde, quel empressement mon Sauveur a-t-il eu pour m'en détromper, et pour me précautionner contre sa séduction ! Alors, que d'avertissements, que d'inspirations secrètes, que de mouvements intérieurs, et de remords que je ne pouvais étouffer ! Cependant j'avançais en âge, et Dieu multipliait sur moi ses miséricordes. Tantôt il préservait ma vie d'un accident funeste qui devait me l'ôter, et qui m'aurait livré peut-être à des flammes éternelles. Tantôt il m'arrêtait par des contretemps imprévus, lorsque entraîné par mes passions, j'étais sur le point de me livrer aux charmes trompeurs du monde. Tantôt il ménageait dans mes plaisirs, des chagrins et des tristesses mortelles, pour m'en détacher. Tantôt il me parlait lui-même intérieurement, et me pressant de me donner à lui, il faisait entendre à mon cœur tout ce que le sien ressentait de tendresse et d'amour pour moi.

Si je voyais tomber autour de moi les compagnons de mes plaisirs, que la mort m'enlevait par une fin précipitée, c'était vous, Seigneur, qui me ménagiez ce spectacle pour m'apprendre à ne point compter sur la jeunesse et sur la vie, et à vous faire de bonne heure le sacrifice d'un bien que vous pouviez m'ôter de même qu'à eux. Si j'en voyais d'autres plus fidèles à votre voix, quitter le monde pour chercher leur salut dans de saintes retraites, vous m'aviez en vue dans ces triomphes de votre grâce, et vous me prépariez leur exemple pour m'instruire, et pour me toucher. Si je trouvais du vide dans mes plaisirs, de l'ennui dans les compagnies, de l'inconstance dans les amis, de la perfidie dans les rivaux, de l'ingratitude dans les maîtres que je servais, ou de la dureté dans les protecteurs dont j'adorais la puissance, c'était encore vous, ô mon Dieu ! qui semiez d'épines le chemin de la perdition dans lequel je m'engageais insensiblement, et qui en agissiez ainsi pour m'obliger à retourner à vous, dont je m'éloignais sans réflexion.

Pourrais-je compter tous les mouvements intérieurs de votre esprit, les avertissements secrets de votre grâce, les remords importuns de ma conscience, les douceurs et les amertumes que vous ménagiez si à propos pour me détacher du siècle ? Mais quoi, ô mon Sauveur ! N'ai-je pas lassé votre patience, ayant tant de fois méconnu cette voix si aimable et si douce qui se faisait entendre à mon cœur ? N'auriez-vous pas pu retirer ces secours que votre main libérale répandait si abondamment sur moi ? Je l'aurais sans doute mérité, et j'aurais encore sujet de le craindre, si je ne sentais actuellement votre même bonté qui se fait connaître à mon cœur tant de fois rebelle, et qui l'invite avec une douceur ineffable. Si ce cœur est quelquefois effrayé de votre justice, je reconnais même dans ces craintes un effet de votre miséricorde, puisque votre grâce, qui forme en moi ces terreurs, ne me les fait sentir que pour me rendre plus vigilant et plus fidèle.

C'est ainsi que chacun de nous doit parler. J'ose assurer qu'il n'y en aura aucun de ceux qui liront ceci, qui, repassant sur les temps de sa vie, ne puisse y reconnaître les marques sensibles de la prédilection de Dieu, et qui ne soit obligé d'avouer qu'il a reçu des millions de faveurs singulières, qui toutes tendaient à ménager sa conversion, et à procurer plus infailliblement son salut. Est-il raisonnable, après tant de marques, de douter encore de la bonne volonté de Dieu, et de sa prédilection ? Est-il possible de ne pas reconnaître, dans sa conduite sur nous, la vocation ajoutée au choix, la conversion du cœur qui a suivi la vocation, et la protection ajoutée à toutes les deux, qui, comme je l'ai dit, sont tout à la fois l'effet et les moyens de la prédestination, et qui par conséquent en sont les marques consolantes. C'est là la route par où Dieu a conduit ses saints, c'est ainsi qu'il les a traités ; il vous traite aujourd'hui comme eux. Il vous a choisi comme eux, il vous a sanctifié comme eux, il vous couronnera comme eux.

Troisième marque de la prédestination, la persévérance dans le bien : nouvelles raisons de l'espérer. Preuves de la prédestination, tirée de la tentation même du découragement.

Il ne manque plus pour consommer l'ouvrage de notre salut, qu'une persévérance de miséricorde de la part de notre Dieu, et une persévérance de fidélité de la part de notre cœur. Mais c'est encore sur quoi nous pouvons nous rassurer. Quoiqu'on n'ait jamais de certitude entière là-dessus, combien de raisons d'espérer, et de conjecturer avec toute la vraisemblance possible, que ce Dieu miséricordieux consommera l'ouvrage qu'il a commencé en nous, qu'il ne nous abandonnera pas à la fragilité de notre inconstance, et qu'il nous soutiendra jusqu'à la fin, comme il nous a protégés jusqu'à ce jour. Car enfin, il nous a mis dans la route, et cela par des soins infinis, et par des secours admirables. Peut-être a-t-il fait des prodiges pour nous y placer : est-ce donc pour nous abandonner, et pour perdre à présent tout le fruit de tant de soins et de tant de vigilance ? Il nous a mis dans la route ; et dans quelle route ? Dans la même où il a mis les saints qui triomphent maintenant. Est-ce donc qu'il aurait dessein de nous perdre dans le chemin par où il les a conduits au triomphe et à la gloire ?

Eh quoi ! dois-je me dire à moi-même, si Dieu avait voulu me réprouver et me perdre, aurait-il eu pour moi tant de bonté, tant de prédilection et tant de patience ? Pourquoi me prévenir avec tant de soin ? Pourquoi me presser se vivement ? Pourquoi m'attendre si longtemps ? Hélas ! mille fois insulté par mes crimes, mille fois irrité par mes rébellions, il n'avait qu'à m'y laisser croupir comme tant d'autres, ou m'y laisser périr, comme j'ai pensé le faire tant de fois. Il en avait assez fait pour montrer sa miséricorde, et pour justifier sa justice dans ma punition. S'il en a voulu faire davantage, s'il a voulu me conserver, m'attendre et me presser jusqu'à ce jour, ce n'est que parce que, m'ayant choisi par une bonté particulière, il veut encore consommer en moi l'ouvrage que sa miséricorde y a commencé. Si Dieu avait voulu nous faire mourir, disait autrefois la mère de Samson, eût-il reçu de nos mains le sacrifice que nous avons offert ? Je suis en droit de parler comme elle, et de tirer des miséricordes passées une assurance des miséricordes à venir. Si Dieu, irrité de mes crimes, voulait me destiner à périr, aurait-il reçu le sacrifice que je lui ai fait de tout moi-même, pour me consacrer à sa gloire ? C'est sans réserve et sans partage que je le renouvelle encore aujourd'hui, ce sacrifice universel, que je lui offre cet holocauste de charité. C'est lui qui m'en donne la pensée et le courage, c'est lui qui forme en moi l'amour qui en est le principe ; lui sera-t-il plus difficile de le couronner par la persévérance ?

Tous ceux qui liront ceci pourront aisément y puiser ces pieux sentiments, et par conséquent ils pourront goûter toute la douceur et la joie qu'ils inspirent, quand même ce moment serait pour eux le moment de leur conversion, et le premier de leur consécration. Entrant dans les pensées de l'apôtre saint Paul, pensées si consolantes et si propres à rassurer les pénitents et les justes, ils pourront se dire à eux-mêmes pour se rassurer : Hélas ! si Dieu, irrité de nos crimes, nous eût destinés pour être les victimes de sa justice, nous eût-il choisis, entre mille autres, pour nous combler de tant de biens ? eût-il pris tant de précautions pour nous rappeler de nos égarements ? nous eût-il lavés tant de fois dans le sang de Jésus-Christ ? Non sans doute. Aussi est-il certain qu'il ne nous a pas destinés à être les objets de sa colère, mais à acquérir le salut par Jésus-Christ Notre Seigneur ; et en nous faisant part du sang et des mérites de Jésus-Christ, il nous met entre les mains le prix de cette précieuse acquisition. Que pouvons-nous désirer davantage ; puisque ce prix infini est suffisant pour acquérir la grâce, pour acquérir la persévérance, et pour acquérir la couronne ?

C'est ainsi que nous devons nous rassurer dans nos défiances. J'ose promettre que ceux qui voudront ouvrir leur cœur à toutes ces réflexions, trouveront, comme je l'ai dit, que la prédestination qui faisait leur effroi, sera désormais elle-même leur consolation. Car, s'il est affligeant de craindre de n'être pas du nombre des élus, il est bien consolant de reconnaître, par tant de remarques, qu'on a sujet de croire qu'on est compté dans ce nombre heureux.

    Consommons la preuve de cette vérité, et tirons de la tentation même que je combats, de quoi consoler ceux qu'elle jette dans le trouble. En effet, de qui vient cette pensée qui vous effraie, âmes timides et désolées ? Est-ce la grâce qui vous l'inspire, ou n'est-ce pas plutôt le démon qui la forme en vous ? Sans doute, que ce n'est pas la grâce ; elle qui nous porte plutôt à l'espérance, à la confiance et à l'amour. C'est donc le démon qui veut vous séduire ? Comment êtes-vous assez crédule pour écouter cet auteur du mensonge ? Mais pourquoi fait-il tant d'efforts pour vous séduire ? C'est parce qu'il reconnaît la bonne volonté de Dieu sur vous ; et c'est pour la rendre inutile qu'il voudrait vous porter au découragement, et même s'il le pouvait, au désespoir. Certes si vous étiez abandonné de Dieu, si vous étiez l'objet de ses vengeances et de sa colère, ce tentateur ne vous troublerait point, il ne s'efforcerait point de vous décourager. Assuré de vous tenir dans ses filets, il ne chercherait peut-être qu'à vous y amuser par un calme trompeur. C'est ainsi qu'il se garde bien ordinairement de troubler ceux qui sont dans le libertinage, et livrés aux plaisirs des sens. C'est à eux qu'il dépeint la miséricorde de Dieu toujours propice, et le chemin du Ciel toujours aisé. Mais qui sont ceux qu'il s'efforce plus souvent de troubler par des idées effrayantes de la justice de Dieu ? Ce sont ceux qui se confient saintement en la miséricorde, ceux dont il craint la conversion. C'est à ceux-là qu'il s'efforce communément d'exagérer la justice de Dieu et sa colère, la difficulté de la conversion, la rareté de la persévérance, le petit nombre des prédestinés. Il le fait pour les porter à tout abandonner par découragement, et pour les livrer s'il le peut, au désespoir. Que ceux qu'il tente ainsi reconnaissent ici l'artifice du démon, mais qu'ils reconnaissent en même temps dans ses ruses, la preuve de la miséricorde de Dieu sur eux, puisque ce n'est que cette miséricorde abondante qui leur attire les persécutions de cet esprit malin, qui, voyant avec dépit le bonheur qui les attend s'efforce de le leur enlever.

Qui sont ceux qui ont des marques encore plus assurées de leur prédestination ? Ce sont ceux qui sont dans l'affliction.

※

Quelque pressantes que soient ces réflexions, il y a des chrétiens qui ont plus de droit d'en tirer de la consolation, parce qu'ils ont plus de part à ces marques particulières de la prédestination de Dieu. Comme il arrive souvent qu'ils n'y font pas assez d'attention, il est juste de les leur faire observer ici. Ce sont ceux qui sont dans le chagrin ; dans l'oubli, dans les sécheresses, dans les tentations, dans l'infirmité, dans la pauvreté, dans les disgrâces, ou dans quelque sorte de peine et d'affliction que ce puisse être. C'est une vérité constante que c'est là le vrai chemin du salut, le sort particulier des âmes choisies de Dieu, et par conséquent la marque la plus sûre de la prédestination ; en sorte que le salut éternel est aussi aisé aux malheureux du monde, qu'il est difficile à ceux qui jouissent de tous ses avantages.

Entreprendrai-je de prouver une vérité si constante et si souvent répétée dans les Ecritures ? Le monde se réjouira, disait le Fils de Dieu à ses disciples ; mais vous autres, vous serez dans l'affliction. Il est vrai que votre affliction sera changée en joie ; mais vous ne goûterez ce que cette joie a de consolant, qu'après avoir senti ce que l'affliction a d'amertume. Bienheureux ceux qui souffrent, disait encore Jésus-Christ ; bienheureux ceux qui pleurent ; bienheureux ceux qui sont persécutés. C'est que le royaume des Cieux est à eux. Leur droit est acquis sur cet héritage céleste, ils n'en seront pas privés. Le sort des autres est douteux, il est incertain, ils ont tout sujet de craindre ; mais pour ceux-ci, leur prédestination est, pour ainsi dire, évidente, et le terme de cette prédestination, qui est le Ciel, leur appartient déjà : Dieu ne pourrait, ce semble, les en priver sans injustice. Pourquoi cela ? C'est qu'ils sont les vrais enfants de Dieu, et que c'est aux enfants que l'héritage appartient.

Mais si l'héritage appartient aux enfants, c'est aux enfants à souffrir les châtiments et les corrections de leur père. Mon fils, dit le Sage, voulez-vous être adopté dans la maison du Seigneur ? Il faut préparer votre âme à la tentation, quelque affligeante qu'elle soit. Vous étiez agréable à Dieu, disait un ange à Tobie, c'est pour cela qu'il a fallu nécessairement que vous fussiez mis a l'épreuve.

Dieu reçoit, dit saint Paul, les enfants de l'adoption, mais il n'en reçoit aucun qu'il ne le corrige, et si, continue cet apôtre, vous n'êtes pas du nombre de ceux qu'il afflige, vous n'êtes pas les enfants de l'épouse, vous êtes des enfants étrangers, nés dans l'adultère ; auxquels l'héritage n'est point destiné.

Il faut donc passer par l'affliction et par les épreuves, pour être assuré qu'on est du nombre des enfants de Dieu. Mais si vous êtes du nombre de ces vrais enfants, de ces enfants chéris particulièrement de Dieu, pouvez-vous douter de votre prédestination et de votre salut, puisque ce que vous souffrez en est la marque ? Un ange reçoit ordre de Dieu de montrer au prophète Ezéchiel, qui sont les élus qui dans la ville sainte éviteront les châtiments de sa fureur. Cet ange, pour les lui faire connaître, marque sur le front de chacun d'eux le signe salutaire de leur prédestination. Cette marque c'est une lettre hébraïque, et il n'est pas inutile de remarquer avec saint Jérôme et d'autres commentateurs, que cette lettre avait la figure d'une croix. Mais qui sont ceux qui sont honorés de cette marque précieuse ? Sont-ce les rois, les grands du monde, les prêtres du sanctuaire, les observateurs scrupuleux de la loi ? Non : l'élection n'est attachée à aucun état, mais elle l'est à la souffrance. Vous marquerez ; dit le Seigneur, ce signe sur le front de ceux qui s'affligent et qui souffrent, qui sont dans l'amertume et dans les gémissements.

C'est ce qu'explique encore plus clairement un autre prophète. Il partage le monde sous la figure du peuple saint, en trois parties ; et la troisième, qui est celle des élus, n'est caractérisée que par des afflictions. Dieu disperse, Dieu abandonne les autres à leur iniquité et à leur endurcissement, mais il établit dans la troisième le règne de sa miséricorde : il en fait son peuple, et il veut être son Dieu. Ils m'appelleront mon Dieu, dit-il, je les appellerai mon peuple ; ils invoqueront mon nom, et je les exaucerai. Mais quel traitement ce Dieu si bon leur fera-t-il ? Le voici : Je les ferai passer par le feu : je les brûlerai de même qu'on brûle l'argent, et qu'on éprouve l'or ; c'est ainsi que je les éprouverai. C'est ainsi qu'il traite ses bien-aimés. Effectivement, il les fait passer par le feu de la tribulation, il ne les épargne point ; il soumet les uns aux douleurs des infirmités, les autres aux ennuis de la servitude, les autres aux troubles des scrupules, les autres à la malignité des calomniateurs, les autres aux rigueurs de la pénitence. Il les fait passer par le feu, non comme le bois qui en est consumé, mais comme l'or que l'on destine à quelque ouvrage excellent, et qu'on met dans le creuset. Ce métal dans cet état semble souffrir et se gâter ; il se fond, il s'amollit, il perd sa force et son éclat : enfin le temps vient de le retirer du feu, et il n'en sort que pour faire l'étonnement et l'admiration de ceux qui le voient. C'est un vase précieux et magnifique, dont la matière est pure, et dont l'ouvrage est merveilleux. Tel est le sort des élus. Il ne leur est donc pas seulement expédient de souffrir, c'est même là leur état et leur partage. C'est donc par conséquent une marque précieuse de leur prédestination ; et plus les souffrances s'aigrissent, plus l'âme fidèle doit y reconnaître les fondements solides de sa confiance. Croyons fermement, disait une sainte femme de l'ancien Testament à des peuples affligés, croyons que les châtiments que nous recevons de Dieu ne sont que les effets de la miséricorde qui nous corrige, et non pas de la colère qui cherche à nous perdre.

Approfondissons davantage cette vérité si propre à confondre les heureux du monde, qui cherchent à goûter tous ses plaisirs ; mais en même temps si consolante pour ceux qui n'ouvrent les yeux que sur des pertes, qui n'éprouvent que des malheurs, qui ne ressentent que des amertumes et des tristesses intérieures. Hélas ! souvent ils ne connaissent pas leur bonheur. Ils appellent ces peines des malheurs, des fléaux de Dieu, des marques de sa colère, tandis que ce sont pour eux les plus sensibles preuves de sa miséricorde, puisque ce sont les marques de leur prédestination.

Preuve de la vérité précédente. Premièrement ; c'est dans les souffrances que se trouve la vocation la plus efficace.

Je demande en effet : qu'est-ce qui peut contribuer plus efficacement à notre salut ? Qu'est-ce qui fait les saints et les prédestinés ? C'est premièrement, comme je l'ai dit auparavant, la vocation efficace de Dieu, c'est l'expiation des péchés commis, c'est la précaution contre les rechutes ; et ce qui renferme tout le reste, c'est la ressemblance avec Jésus-Christ. Il n'en faut pas davantage assurément pour faire un saint, et pour reconnaître un prédestiné. Or, où chercher tous ces avantages ? Dans la souffrance. C'est là où vous les trouverez tous. C'est donc là où vous trouverez l'assurance de la bienheureuse prédestination.

Premièrement, on y trouve la vocation efficace de Dieu. Dieu appelle, il est vrai, tous les chrétiens. La sagesse, dit l'Ecriture, élève sa voix dans les places publiques, elle invite tout le monde indifféremment à venir à elle. Mais la plupart entraînés par leurs occupations terrestres, n'écoutent pas même sa voix. Le père de famille convie tous ses voisins aux noces de son fils ; et aucun de ceux qu'il a invités ne veut s'y rendre. L'un est riche et occupé de ses biens ; l'autre songe à le devenir et fait des acquisitions ; un autre pense à jouir des plaisirs de la vie : tous ont des excuses, et aucun ne profite du festin qui leur était préparé. Le père de famille irrité de leur négligence et de leur mépris, les abandonne à leurs occupations terrestres qui font leur bonheur, et qui le termineront. Il transporte la faveur qu'il voulait leur faire, aux pauvres, aux infirmes, aux misérables que tout le monde méprise. Ce sont ceux-là qui entrent au festin, mais comment y entrent-ils ? On leur fait une espèce de violence pour les y faire entrer. On les presse, on les pousse, on les contraint, pour ainsi dire. Quelle est cette contrainte dont parle ici figurément la parabole ? C'est celle des afflictions, qui détachent une âme, en quelque sorte malgré elle, du monde qu'elle aimait, et l'obligent de se rendre aux invitations de son Dieu qu'elle méprisait tandis qu'elle était heureuse. Aussi le Fils de Dieu, voulant nous préparer à cette application de sa parabole, y a-t-il ajouté comme une conclusion : il y a beaucoup d'appelés et peu d'élus. Comme s'il disait : il est vrai qu'il y en a peu de choisis est beaucoup d'appelés ; mais vous voyez ici qui sont les uns et les autres. Les heureux du siècle sont appelés, et souvent ils ne sont pas choisis, mais les malheureux et les pauvres sont, pour ainsi dire, contraints d'entrer au nombre des élus.

C'est là ce qui nous instruit des deux moyens dont Dieu se sert pour nous attirer à lui. Il invite les uns avec douceur ; il y en a d'autres qu'il presse, qu'il terrasse, qu'il enchaîne, qu'il oblige par une espèce de violence de se rendre à lui. Cette violence ne tombe pas sur leur volonté, car la volonté est toujours libre, et la grâce ne la nécessite point ; mais elle tombe sur ce qui l'environne, sur les objets de ses attachements que Dieu lui enlève avec violence, pour l'obliger de s'en détacher. Il traite ces âmes qu'il veut soumettre à lui, comme un prince traite une ville ennemie qu'il veut réduire sous son obéissance. Il ruine ses remparts, il renverse ses bastions, il affaiblit ses défenses, il lui ôte tout commerce avec ses ennemis, il la presse par la faim et par les assauts redoublés ; et tôt ou tard il l'oblige à se rendre à lui. Telle est la seconde sorte de vocation que Dieu emploie pour nous appeler.

Or, il est aisé de voir laquelle des deux est la plus pressante, et par conséquent la plus efficace. On sait, hélas ! qu'il y en a bien peu qui se rendent aux douces invitations de la grâce, et que pour un qui sacrifie à Dieu de bon cœur les avantages de la vie qu'il pourrait goûter en liberté, il y en a mille qui n'en viennent à ce sacrifice que par la force des afflictions. Encore combien de temps un cœur rebelle est-il à combattre ? On s'appuie tant que l'on peut sur tout ce qui environne : on épuise toutes les ressources humaines avant que d'en venir jusqu'à rendre les armes, et à s'avouer vaincu. On fait comme ces passagers qui, étant dans le vaisseau qui portait le prophète Jonas, se trouvèrent en danger de périr avec lui : chacun invoqua son dieu, le dieu qu'il connaissait, le dieu qu'il adorait, le dieu qu'il aimait. Ainsi en usons-nous lorsque notre Dieu nous afflige pour nous ramener à lui. Il y a d'autres dieux que notre cœur adore, et auxquels il a recours. Ce sont les richesses, la fortune des parents, ses protecteurs, sa propre habileté, sur laquelle on compte toujours. Ce sont là les dieux en qui on met sa première confiance, et à qui on dit, délivrez-moi, sauvez-moi. Mais ces dieux sont impuissants, on reconnaît bientôt leur faiblesse, et lorsqu'on est plongé dans une amertume dont aucun secours humain ne peut tirer, on recourt enfin à Dieu, on l'invoque, on reconnaît sa justice, on se soumet à ses volontés, et on est comme forcé de prendre ce parti, parce qu'on n'a plus d'autre ressource pour se consoler dans sa peine.

Combien y en a-t-il qui reconnaîtront, par leur propre expérience, la vérité de ce que j'avance ici, et qui avoueront avec justice que, si Dieu ne les eût détachés du monde par des afflictions, s'il n'eût répandu de salutaires amertumes sur les objets de leurs passions, s'il n'eût semé d'épines le chemin de l'ambition, ou celui des plaisirs, pour les en dégoûter, ils auraient conservé jusqu'au bout les attachements criminels qui les retenaient ? Combien qui n'ont commencé à être chrétiens, que lorsqu'ils ont commencé à être affligés, qui n'ont ouvert les yeux sur les vérités de la foi, que lorsqu'ils les ont ouverts sur les malheurs dont ils étaient environnés, et qui n'ont donné des larmes à la pénitence, qu'après en avoir répandu sur leurs pertes, leurs afflictions, et leurs infirmités ? Combien qui, sans la disgrâce du prince ou la ruine de leur fortune, n'auraient jamais songé à prendre les vrais sentiments de l'humilité chrétienne ? Amusés par un vain fantôme de dévotion, ils nourrissaient leur amour-propre de toutes les apparences de bonnes œuvres, dont ils faisaient trophée. Ils se croyaient justes et fidèles, et s'applaudissaient de leur prétendue sainteté. Cependant ils étaient plus éloignés de Dieu par leur orgueil, que d'autres ne l'auraient été par des crimes. Le temps de leur conversion est venu, et celui de leur salut. Dieu leur a fait entendre efficacement sa voix ; et comment ? Ils ont été humiliés par des disgrâces éclatantes, et l'humilité si nécessaire au salut est entrée dans leur cœur par la porte de l'humiliation.

Combien d'autres que Dieu traite de même, et qui passeraient toute leur vie dans le plaisir, la joie et l'abondance, si Dieu ne les appelait à lui, en arrachant de leurs mains ces objets de leurs regrets ? A l'un il envoie une maladie douloureuse et périlleuse, à l'autre une perte de biens. Celui-ci a ruiné sa santé, il ne peut plus aller dans les compagnies ; celui-là a perdu son protecteur, et toutes ses espérances ont été ensevelies avec lui. Cet autre, décrédité dans son négoce par le malheur des temps, est contraint de le quitter. Quelquefois la mort enlève les parents, les amis, un époux, des enfants. On ne trouve plus sur la terre de consolation, il n'y a plus que Dieu qui se montre à ce cœur affligé, pour lui en offrir une solide dans son amour. On reconnaît enfin qu'il est le vrai ami, l'ami de tous les temps, l'ami qui ne finit point. Voilà ce qui se passe tous les jours, et peut-être le lecteur le reconnaîtra-t-il par sa propre expérience. C'est là ce que j'appelle une vocation efficace, parce qu'elle a presque toujours son effet ; et c'est cette vocation qui est le premier pas qu'il faut faire pour entrer dans la route de la prédestination, et qui en est la première marque.

Seconde preuve. C'est dans les souffrances que se trouve l'expiation la plus sûre du péché. Avantage des afflictions involontaires au-dessus des pénitences volontaires.

Ce que j'ai dit de la vocation, je le dis de même de l'expiation du péché et de la précaution pour ne le plus commettre. L'un et l'autre que l'on sait essentiellement nécessaire au salut, ne se trouve ordinairement que dans les afflictions et dans les souffrances.

Pour ce qui est de l'expiation du péché, qui est-ce qui, sans les malheurs involontaires de la vie, les maladies, les accidents, les chagrins, les contradictions, les douleurs et les pertes, songerait à expier tant de crimes commis autrefois, et tant de fautes journalières, qui se renouvellent à chaque moment ? On sait cependant, qu'il n'y a point de salut sans la pénitence ; et on ne peut se résoudre à la faire : ou si on la fait, elle est si molle et si lâche, qu'elle ne peut être d'un grand mérite. On vivrait dans cet état, et pour n'avoir pas voulu faire pénitence, on se trouverait peut-être condamné à faire éternellement dans les flammes de l'enfer la pénitence infructueuse des démons, si Dieu miséricordieux ne préparait lui-même des moyens pour tirer de nous une satisfaction que sa justice exige, et que notre lâcheté lui refuse.

C'est là ce qui doit rassurer ceux qui, dans l'affliction, craignent que la pénitence qu'elle leur fait faire ne soit pas agréable à Dieu, parce qu'elle n'est pas volontaire, C'est une erreur ; et je puis assurer ceux qui sont dans cette crainte, que les peines que Dieu leur impose sont aussi propres à expier saintement leurs iniquités, que les macérations de la chair les plus austères qu'ils pourraient s'imposer par leur propre choix. Je les crois même en un sens plus propres à apaiser la justice de Dieu. Car, premièrement, ces afflictions portent certainement le caractère de la volonté de Dieu sur nous ; puisqu'il ne nous arrive rien sans une disposition salutaire de sa providence ; caractère que n'ont pas toujours les macérations volontaires, que le caprice règle aussi souvent que la dévotion.

Secondement, elles sont souvent plus rigoureuses, et par là plus propres à satisfaire pour nos péchés. Car, quelle différence entre les jeûnes, les disciplines, ou le cilice d'un solitaire, et les vives douleurs d'une maladie opiniâtre ; les contradictions perpétuelles d'un mari ou d'un maître, dont il faut essuyer à tout moment les bizarreries ; les extrémités où la pauvreté réduit ; le trouble et l'humiliation qu'apporte la perte de la réputation et la ruine de sa fortune.

Troisièmement, elles sont plus humiliantes et plus propres à porter l'homme à renoncer totalement à lui-même. Souvent l'amour-propre qui se trouve dans le choix des austérités volontaires, la vanité qu'elles inspirent, les louanges qu'elles attirent, en corrompent tout le mérite. Mais les croix involontaires que la providence de Dieu nous a ménagées pour notre salut, n'ont rien de pareil. Le monde ne sait point tenir compte de ces peines. Il n'y a rien de brillant dans ces malheurs, rien qui attire les applaudissements, ou qui contente l'amour-propre : au contraire, il est enseveli tout entier sous les ruines de la fortune, de la santé, ou de la réputation. Celui qui est tombé aujourd'hui dans ces disgrâces, sent bien qu'il n'y trouve pas de quoi s'en glorifier. Ainsi Dieu, par des malheurs involontaires, prépare-t-il à ses prédestinés un moyen plus efficace et plus sûr d'expier leurs péchés. Mais il n'est pas moins vrai qu'il leur offre, par le même moyen, une précaution aussi efficace contre le péché.

Troisième preuve. La précaution la plus assurée contre le péché se trouve dans l'affliction.

Quelle est en effet la source la plus ordinaire du péché ? C'est l'abondance et le plaisir, la puissance et la gloire. Voilà ce qui engendre la sensualité, la vanité, la malignité, le mépris des hommes, l'oubli de Dieu, souvent même l'anéantissement de la foi. Quel moyen plus sûr de se précautionner contre ces égarements, que l'affliction ? Il y en a deux raisons sensibles. L'une, c'est que les afflictions apprennent à craindre la puissance et la justice de celui qui renverse, quand il veut, nos projets, notre puissance et notre orgueil, et qui venge tôt ou tard le mépris de sa loi. L'autre, c'est que l'effet propre des pertes et des afflictions salutaires que Dieu nous prépare, est de nous séparer des objets qui formaient nos attachements, et qui causaient le dérèglement de notre cœur.

J'en appelle encore au témoignage de ceux qui pourront lire cet écrit, et qui seront peut-être dans l'état d'affliction dont je loue les avantages. S'ils se rendent justice à eux-mêmes, ils avoueront qu'ils n'ont commencé à cesser de pécher, que lorsque Dieu a appesanti sa main sur eux, pour leur en ôter les occasions, et pour briser, dans sa colère, les idoles terrestres qui partageaient les adorations de leur cœur. En sorte que s'il leur rendait les biens ou les plaisirs dont il les a privés, ils seraient peut-être encore livrés aux mêmes passions qu'autrefois, parce qu'ils auraient les mêmes facilités de les contenter.

Vous vous affligez de ce que vos infirmités ne finissent point. Vous traînez dans les remèdes une vie languissante. Vous êtes devenu inutile au monde, et les compagnies cessent de vous chercher. Si votre santé était parfaite, vous seriez comme autrefois de tous les plaisirs de la cour ou de la ville. Les bals, les spectacles, les jeux et les compagnies vous reverraient comme autrefois. Vous chercheriez comme alors à perdre votre temps dans ces amusements criminels. Le monde ne se passerait pas de vous, et vous ne pourriez vous passer du monde ; les charmes de vos attraits, que la langueur a peut-être effacés, enchaîneraient de nouveau les cœurs de vos adorateurs, et vous entraîneraient avec eux dans l'iniquité.

Vous vous attristez de ce que la fortune, si favorable à d'autres, n'a eu pour vous que des rebuts. Hélas ! si elle vous eût ri comme à eux, elle vous eût enivré comme eux. Comme eux, vous eussiez oublié dans l'élévation un Dieu que l'orgueil méconnaît, et qu'on ne sert que dans l'humilité. Vous eussiez été comme les autres fier et orgueilleux, hautain et méprisant, injuste dans vos prétentions, cruel dans vos vengeances, négligent dans vos devoirs, comme le sont la plupart des grands, dont vous enviez la fortune.

Vous êtes chagrin de ce que vous êtes dans la pauvreté. Mais si vous étiez riche, seriez-vous plus saint ? Ne seriez-vous pas au contraire plus sensuel et plus vain dans votre dépense, puisque vous ne désirez les biens que vous n'avez pas que pour vous procurer des vanités, des commodités, et des plaisirs que la pauvreté vous refuse ?

C'est donc pour vous un avantage d'être infirme, d'être pauvre, d'être disgracié de la fortune ; puisque ces malheurs vous ont tiré d'un état qui est pour tous les autres une occasion prochaine de chutes et qui, peut-être, l'a été aussi pour vous autrefois. Or, quelle marque plus sûre du dessein miséricordieux que Dieu a formé de vous sauver de la perdition commune, que de lui voir prendre les moyens les plus efficaces d'en éloigner les occasions ? Pouvez-vous douter après cela, qu'il ne veuille vous compter au nombre de ceux qu'il a choisis pour le Ciel ? Ce n'est pas ainsi qu'il traite ceux dont l'endurcissement l'oblige à les réprouver. Il les laisse courir au gré de leurs désirs ; et comme le dit saint Cyprien, il laisse ces funestes victimes de sa colère s'engraisser à loisir des richesses du siècle, afin de les immoler ensuite avec plus de gloire à sa vengeance.

Mais pour ceux qu'il a prédestinés, il ne souffre pas qu'ils s'écartent de la route du salut sans les punir ; et s'ils s'en sont éloignés, c'est par l'affliction qu'ils les y ramène. C'est ainsi qu'il a traité tous ceux qui ont été avant vous, l'objet de ses faveurs les plus précieuses. S'il vous traite aujourd'hui comme eux, c'est une marque qu'il vous chérit comme eux, et qu'il veut par les mêmes épreuves vous conduire aux mêmes couronnes.

Quatrième et dernière preuve. Les afflictions forment en nous la ressemblance avec Jésus-Christ. Cette ressemblance consomme la prédestination.

Consommons la preuve de cette vérité par le dernier caractère de la prédestination, ou plutôt par l'unique caractère de la prédestination, puisqu'il renferme tous les autres. Nous trouverons heureusement ce beau caractère dans les personnes que Dieu afflige. Quel est-il ? Je l'ai dit, et on le sait assez. C'est la ressemblance avec Jésus-Christ. Ceux que Dieu a choisis, dit l'Apôtre, il les a prédestinés à être conformes à Jésus son fils, et à porter en eux l'heureuse ressemblance avec ce Fils bien-aimé, qui a été sur la terre un homme de douleurs, qui a éprouvé toutes nos misères, et qui a été rassasié d'opprobres.

Dieu a créé l'homme, dit Tertullien, à l'image de son Fils. Il avait alors dans son idée la nature que ce Fils devait prendre en venant sur la terre, et il voulait que ce Fils fût le modèle sur lequel il créa le premier homme. Telle est la pensée de ce Père. Quoi qu'il en soit de cette pensée, on peut dire que Dieu a encore plus sûrement le même dessein dans la sanctification de l'homme, dont la sainteté de Jésus-Christ est le modèle ; en sorte que si l'homme est destiné à participer dans le Ciel à l'état de gloire du Fils de Dieu, il est destiné à participer auparavant sur la terre à l'état de ses souffrances. Il est obligé de porter sa croix avec lui, de la porter comme lui, et de consommer, en union de sa mort sur cette croix, le sacrifice qu'il attend de sa fidélité. Si quelqu'un veut venir après moi, dit ce Fils bien-aimé, qu'il porte sa croix, qu'il la porte tous les jours, et qu'il me suive.

Je ne m'arrêterai point à prouver la nécessité indispensable qui nous est imposée de remplir cette obligation, et de former en nous cette sainte conformité. On ne l'ignore pas : mais je voudrais qu'on sentît davantage la consolation qu'elle doit produire dans le cœur de celui en qui les malheurs et la pauvreté, les souffrances ou les persécutions ont commencé de former une si heureuse ressemblance.

Car enfin, dès que la conformité avec Jésus-Christ emporte avec soi une liaison étroite avec la prédestination ; que celle-ci ne peut être sans cette conformité, et que cette conformité est le moyen le plus assuré pour y conduire ; que doit penser celui que Dieu prend soin lui-même, par des afflictions salutaires, de rendre semblable à son Fils ? Que doit penser celui à qui il fait part de ce calice d'amertumes, que ce Fils bien-aimé a bu pour nous jusqu'à la lie, et qu'il cloua, pour ainsi dire, avec lui à sa croix ? Doit-il résister, s'affliger et se plaindre ? Non sans doute. Mais quoi, doit-il s'inquiéter sur son salut et sur sa prédestination, se troubler dans la crainte de n'être pas dans le bon chemin, et écouter le tentateur, lorsqu'il lui suggère, que la miséricorde n'est plus destinée pour lui ? Hélas ! il n'a qu'à se laisser aller à la conduite de son Dieu, et acquiescer à ses volontés. Il n'a, pour ainsi dire, qu'à le laisser faire et se reposer sur lui. Puisque ce Dieu de bonté a commencé de le mettre dans la voie du salut, il saura l'y conserver et l'y soutenir. Alors, cet homme, trop heureux de ressembler en quelque chose à Jésus-Christ, bien loin de s'affliger de ce que les hommes appellent fléaux de Dieu, doit trouver dans ce qu'il souffre la consolation même de sa peine. Il doit dire avec le prophète, Seigneur, la verge de votre justice et le bâton de votre colère ont fait ma consolation. Que les gens du siècle s'affligent de vos châtiments ; qu'ils désirent de les détourner ; qu'ils cherchent dans les créatures et dans les amusements du monde des consolations frivoles ; qu'ils vous adressent leurs vœux pour obtenir la délivrance de ces peines salutaires, pour moi ô mon Dieu ! je n'ai qu'une prière à vous faire, et qu'un unique désir. Je veux porter l'aimable croix de mon Sauveur, la porter comme lui, y être attaché avec lui, y mourir même avec lui. Cette croix me tiendra lieu de tout ; et quand toutes les consolations de la terre m'auraient abandonné, elle sera elle-même ma consolation. Avec elle je ne craindrai ni les tentations ni le tentateur ni tout l'enfer armé pour me perdre. Possédant ce précieux gage de ma prédestination, je ne me livrerai plus aux timides alarmes où ma défiance m'a jeté jusqu'ici ; et, mettant dans ce trésor toute ma confiance, les afflictions seront désormais à mes yeux des marques consolantes de votre choix ; et la manière dont je les souffrirai, sera à vos yeux une preuve éclatante de mon amour.

Récapitulation ou abrégé de tout ce qui est contenu dans cet ouvrage.

J'espère que les personnes affligées, de quelque nature que soit leur affliction, trouveront dans ces sentiments de quoi se consoler dans leurs peines, et de quoi en adoucir l'amertume.
J'espère de même, que celles qu'une crainte excessive jette dans le trouble et dans l'abattement, trouveront dans toutes les réflexions de ce livre, de quoi se calmer dans leurs alarmes. C'est en leur faveur que je crois devoir, avant que de finir, faire un précis de tout ce qui est contenu dans le cours de ce Traité ; afin que ceux qui le liront voient tout à la fois, et comme d'un coup d'œil, le nombre et la force des preuves que j'ai employées, l'ordre et la convenance des réponses que j'ai faites aux objections que la tentation leur suggère, en sorte que les unes et les autres fassent toutes ensemble sur leur esprit une impression plus forte.

Quoiqu'il y ait une crainte salutaire, qui ne doit jamais sortir du cœur du juste, il y en a cependant dont l'excès est à craindre, et dont les effets sont funestes. Ces effets sont le découragement et la tristesse, mais principalement l'affaiblissement de la tendresse dans l'amour qu'on doit à Dieu. C'est cette tendresse que Dieu attend de nous, dont il nous montre le modèle dans la tendresse avec laquelle il nous aime lui-même. C'est cette tendresse que l'homme timide et défiant ne goûte point, et qui ne se trouve ordinairement que dans la vive confiance en la bonté de notre Sauveur, qui est cette confiance que j'ai prétendu inspirer.

Rien n'est plus solide que cette confiance, puisqu'elle est établie sur la puissance de Dieu, sur la vérité de Dieu, et ce qui est encore plus propre à l'exciter en nous, sur une bonté et une miséricorde incompréhensible, que la multitude de nos crimes ne l'a point rebutée et que l'étendue de ses bienfaits infinis ne l'a point épuisée.

Mais si cette confiance est solide, elle ne paraît pas moins indispensable. Les avantages que nous y trouvons suffiraient pour nous obliger de nous livrer à ses doux sentiments ; puisque c'est elle qui honore Dieu d'une manière plus noble et plus glorieuse, et qu'en elle nous trouvons la joie et le repos du cœur, la ferveur de la charité, la force dans les tentations, la consolation dans nos peines, et par conséquent une puissante ressource pour notre salut.

En vain l'âme trop timide se laisse-t-elle effrayer à l'excès par la sévérité des jugements de Dieu, puisque ce Dieu de bonté est pour nous encore plus aimable que terrible ; que c'est même, ce semble, pour nous favoriser, qu'il remet notre jugement entre les mains de Jésus-Christ son Fils fait homme comme nous, et par cet endroit plein de bonté, d'humanité et de compassion pour ceux dont il a bien voulu devenir le frère, l'époux et l'ami, et dont il a voulu éprouver les infirmités et les faiblesses. Comment ne pas espérer un jugement favorable d'un juge si compatissant pour ses frères, et si tendre pour ses amis, et qui même semble intéressé par sa propre gloire, autant que par sa tendresse, au succès favorable de ce jugement ? Mais quel moyen d'être effrayé, quand ce juge veut bien en même temps nous servir d'avocat et d'intercesseur, et que pour suppléer au défaut de mérite qui est en nous, il veut bien couvrir notre misère de tous ses propres mérites, et nous donner, par son sang, de quoi exiger de Dieu son père, par une espèce de justice, la miséricorde que nous en espérons ?

Si cette âme effrayée veut encore nourrir ses défiances par le spectacle de ses crimes ou de ses imperfections, elle trouve encore de ce côté-là de quoi se rassurer, lorsqu'elle voit les sentiments de bonté que Dieu montre, non seulement pour les justes, mais particulièrement pour les pécheurs ; puisqu'il les aime, et qu'il les aime même tout pécheurs qu'ils sont ; qu'en cet état il les regarde non seulement avec compassion, mais même avec tendresse ; qu'il les appelle, qu'il les recherche, qu'il les attend, qu'il les reçoit comme le père de famille dans l'Évangile reçoit l'enfant prodigue, sans exiger d'eux d'autre prix du pardon qu'il leur accorde sans délai, que la douleur, la confiance et l'amour ; qu'il les prévient même pour former et exciter en eux ces sentiments ; et que jusqu'à ses reproches, ses châtiments et ses menaces, tout est tendre et aimable dans ce Dieu de bonté.

Voilà ce qui doit calmer les défiances de cette âme timide, et ce qui doit ouvrir son cœur aux deux sentiments d'une tendre confiance en notre Sauveur. Il n'y a plus après cela qu'un sujet qui l'effraie, c'est le petit nombre des élus. Mais on trouve encore de quoi se rassurer contre les terreurs d'une vérité si effrayante. Quelque effrayante qu'elle soit en elle-même, elle ne l'est plus pour l'âme juste qui a sujet de croire qu'elle est de ce petit et heureux nombre, qui en reconnaît les marques, et voit que Dieu, plein de miséricorde pour elle, la favorise de ces dons particuliers et personnels qu'il fait principalement à ceux qu'il aime d'un amour singulier, qu'il l'a conduite par les mêmes routes qu'il a préparées à ceux d'entre ses élus qui sont déjà couronnés.

C'est ce que peuvent reconnaître ces âmes, ou justes, ou pénitentes, que la grâce de Dieu attire à lui, et que le démon s'efforce de troubler par des craintes déraisonnables, pour les retenir par là dans les liens du péché, ou pour les y faire rentrer ; mais c'est ce que reconnaîtront encore plus clairement ceux que Dieu a faits participants de la croix du Fils, qui passent leur vie dans l'amertume et dans l'affliction de quelque coté qu'elle vienne, et de quelque nature qu'elle soit. Pour ceux-ci, la prédestination est non seulement vraisemblable, mais même il semble qu'elle soit presque certaine ; puisqu'ils trouvent dans cet état la vocation la plus efficace, l'expiation de leurs fautes passées la plus entière, et la précaution contre le péché la plus infaillible, et par conséquent la persévérance la plus certaine.

Conclusion de l'ouvrage. Il faut se confier en Dieu sur les biens terrestres. Il faut se confier de même en lui sur son salut et sa prédestination.

Concluons tout ce traité par une réflexion qui, confirmant tout ce que nous venons de dire des marques de la prédestination, confirme également tout ce que nous avons établi dans cet ouvrage ; touchant l'effet que la confiance en la miséricorde de Dieu doit produire en nous. On convient assez qu'il faut nous confier en la providence de Dieu pour tous nos besoins temporels, pour notre santé, nos biens et notre vie ; qu'il faut que cette confiance bannisse les troubles et les inquiétudes qu'éprouvent souvent les âmes attachées aux biens de ce monde ; quoiqu'il ne faille pas tenter Dieu, ni abandonner, sous prétexte de confiance, le soin de ses affaires temporelles, nous savons cependant qu'il faut s'appuyer sur cette providence universelle, qui prend soin de fournir à la nourriture de ceux qui se confient en elle. Nous avouons que plus cette confiance est paisible, plus notre christianisme est pur, et notre vertu est parfaite. N'y aurait-il que notre salut pour lequel nous ne mettrions pas en Dieu toute notre confiance ? Est-ce donc qu'il aurait moins d'empressement pour nous sauver que pour nous nourrir ; et nous pardonnerons-nous sur ce sujet des défiances que nous n'oserions nous permettre sur les besoins de notre vie ?

Il est vrai que toute la terre est à lui, qu'il tient en sa main toutes nos richesses, qu'il est le maître de notre santé et celui de notre vie. Il est, dit l'Ecriture, le Dieu de la vie et de la mort. Mais n'est-il pas aussi appelé le Dieu de notre salut, c'est-à-dire, celui qui désire notre salut, qui travaille à notre salut ? Pourquoi donc ne dirons-nous pas de notre salut éternel, auquel, j'ose le dire, notre Dieu s'intéresse plus que nous, ce que nous dirions avec confiance des secours temporels que nous attendons de lui ?

Le Seigneur me conduit, rien ne me manquera, il m'a établi au milieu de l'abondance.

Il m'a placé près d'une eau salutaire, il a ramené mon âme de ses égarements.

Il m'a conduit par les sentiers de la justice pour la gloire de son nom. Quand après cela je marcherai au milieu des ombres de la mort, il n'y aura point de maux, Seigneur, qui n'effraient, parce que vous êtes avec moi.

Votre verge même, et le baton de votre colère sont toute ma consolation.

Vous m'avez préparé une nourriture forte pour me mettre en état de résister à mes ennemis.

Vous avez oint ma tête d'une onction pleine de douceur; et quelque amer que paraisse votre calice, je le trouve admirable.

C'est donc votre miséricorde, Seigneur, qui me soutiendra tous les jours de ma vie.

C'est elle qui me donnera l'entrée dans votre demeure céleste, pour y habiter pendant toute l'éternité.

Fin de la seconde partie.

Copyright © 2020 par FV Éditions
ISBN Ebook : 979-10-299-1066-1
ISBN Livre broché : 9798572904178
ISBN Livre relié : 979-10-299-1067-8
Tous Droits Réservés

Également Disponible

www.ingramcontent.com/pod-product-compliance
Lightning Source LLC
LaVergne TN
LVHW091544070526
838199LV00002B/192